LIFE AFTER LIFE

死後的世界

RAYMOND A. MOODY, JR., M.D.
雷蒙・穆迪──著　林宏濤──譯

未知死，焉知生，在我們得以一窺彼岸世界以前，是無法完全理解此生的意義。

CONTENTS

推薦序

瀕死經驗的經典之作

黃榮村

在一九六〇年代，英國心理學家 Donald Broadbent 讓「注意力」（attention）的研究變成爲科學界令人尊敬的議題；另外一位更大牌的 Francis Crick（一九六二年諾貝爾生理醫學獎，ＤＮＡ雙螺旋結構發現者之一），則在一九八〇年代之後，讓「人類意識」不再是學界的禁忌題材，而成爲今日的科學之星。同樣的，Raymond A. Moody 在一九七五年出版《死後的世界》（*Life After Life*）一書，並第一次定義「瀕死經驗」（near-death experience, NDE），因而開創出一個過去一直因事涉神祕而被科學界擱置一旁的研究大領域。

ＮＤＥ與其相關的自我離身經驗（out-of-body experience, OBE），現在已是當代意識科學與醫學研究中的標準題材之一，我最近就看到一本由 Steven Laureys

與Giulio Tononi在二〇〇九年所編輯的大部頭專書《意識的神經學》（*The neurology of consciousness*），已有正式討論OBE與NDE的專章。

死亡是人生的最終問題，也是科學界最後未知的疆域之一。Raymond Moody顯然不認爲目前有任何可信的科學方法，可以證明有死後的世界，但他在三十多年前即有洞見，認定臨床死亡後經急救而復活者，或生命在一瞬間遭受嚴重威脅但仍倖存者，他們所講述的瀕死經驗，有助於對人類生命最後幾分鐘之眞正了解。Moody以一百五十個案例爲基礎並實際訪談五十人，由此定義出NDE的十五個共同元素：不可言狀、聽到有人宣告其死亡、平靜的感覺、聽到不尋常雜音、看到黑暗隧道、有離身經驗、與靈物相見、見到亮光、人的一生一閃而過、經驗到所有知識存在的領域、經驗到光之城市、經驗到奇妙的靈、經驗到超自然的救贖、感覺到邊界或極限、重新回到自己的身體之內（部分引自上述《意識的神經學》一書）。

其中的OBE是目前神經醫學、臨床研究、認知科學研究得較多的課題，對造成自我離開身體的經驗之不正常大腦運作機制或相關的腦區損傷，皆已有初步的研究。OBE不只可能併隨NDE發生，它也發生在不同場合，研究者估計一般人在其一生中可能有百分之五的機會經驗過。NDE則因所包含的內容更廣，科學界的爭議與疑慮也較多，但仍應與大腦功能在瀕死當時受損或異常運作有關，由臨床上瀕臨死亡或生命曾遭受嚴重威脅者之相關資料，當代較保守估計在這些人身上發生NDE現象的比例約百分之六至十二。

我個人在年輕二十幾歲時，曾因誤食超量的亞硝酸鈉昏迷十多個小時，在內科急救室睜開眼睛時，就有隧道式視覺與極強的亮光，雖與本書所寫的條件不盡相同，但有類似之處，對此我自有一套科學的解釋方法，不在此贅述，但若將該經驗說成是類似長久性感覺剝奪後所造成的幻覺，那是太過簡化問題。每個人對NDE的體驗不同，包括我自己的經驗在內，也只不過是其中一個可能性而已，因此需要像Moody這樣多問問有類似經驗的存活者，才能勉強拼出一個圖貌。麻煩的是，對這類現象做過度引申或加入主觀想像的慣性經常存在，過度引申之後常使該類經驗的科學事實變爲難以追索，好在Moody是有警覺性的人，他盡量設法避免掉入這個困境。

在三十七年前出版這本書，需要勇氣與運氣，現在則需要大量的科學證據再加比對，但也不能以科學之名太過侷限這類經驗的解釋。不過不管如何，在另寫下一本大書之前，先看看這本三十幾年前的經典之作，是非常必要的。

本文作者為中國醫藥大學校長

推薦序

一窺死亡的一些樣貌

陳錫琦

死亡的話題，在我們的社會是一個禁忌，儘管如此，筆者小時候也時有耳聞某人死而復活的故事，可見人們對於死亡是既害怕又充滿好奇的。因為有死而復活的例子，所以台灣有了人死後必須停放至少七天後才下葬或火化的習俗。每一個死而復活的人都有一段個人的奇特經歷，但是將這些事跡收集成書並不多。台灣近年來已有一些瀕死研究的論文，而本書作者穆迪醫師可說是開啓了此一研究的先驅。

儘管每一個有過瀕死經驗的人所經歷的不盡相同，但是穆迪醫師將所訪談對象的瀕死經驗約略歸納出幾個現象：一、神識（靈體、靈魂）離開身體，沒有時空限制，可依心念立即到任何地方，盲人在這階段可看得見，啞巴可說話，聾子可聽得見。二、看見強烈的光，依其不同宗教信仰，對光有不同的體會。三、一生有如電影放映一般，一幕一幕閃過。經過這一個歷程的人，在回到人世後，對人生都有另一番體會，更願意對其他人付出愛心。

筆者自小對生死問題即感興趣，常會思考「父母生我之前我是誰，死亡之後誰是我」，但是在農村保守的氛圍下，這是絕不可提起的問題。直至上了大學，對宗教稍有涉獵，才知一個人知道自己死將何去，是這一生最大的意義，它將影響一個人的所作所爲。筆者曾針對大學生做過感覺自我接近死亡經驗之調查研究，所得之結果與穆迪醫師的訪談結果有部分相近之處，而且這樣的經驗對於當事者而言，都有其人生的正向影響。誠如作者所言：「因爲我們對於死亡的認識，會對我們安身立命的方式產生重大的改變。」「未知死，焉知生，在我們得以一窺彼岸世界以前，是無法完全理解此生的意義。」

筆者從事死亡教育、生死教育多年，常會以「現象緣起，本體性空」來和學生討論生命，生命的種種現象是隨種種因緣而變動，就其本體的性質找不到一個固定的相狀，因此假名爲性空。每一個有過瀕死經驗者的經驗都不盡相同，現僅就瀕死現象提出一些值得思考的問題：一、神識（靈體、靈魂）離開身體，看到自己的身體在病床上，那麼到底哪一個才是眞正的我呢？二、如果神識（靈體、靈魂）是眞正的我，既然能經歷這麼多現象，那麼到底我有沒有死？三、神識（靈體、靈魂）到底有形相或無形相，如果無形相卻感覺自己仍有身體各部位，是否只是心的投射？即使是盲人，斷手斷腿的人，靈體卻絲毫不受損。五、能感受到靈體的「那個人」又是什麼？六、這一生死亡的經歷如果是如此，那麼在這一生之前是否也曾經經歷過？七、所見的光是相對的還是絕對的？如果是相對的，那麼就有自己與「光的存有者」的對待，如果是絕對的，自己與光是否就無差別了呢？

筆者修習本書所提及的《西藏度亡經》幾年，每晚睡前都當作臨終來練習，透過對死亡的觀察，能夠體會人生的無常，對現有生命更加珍惜與把握，更透過對死亡過程的觀照，能夠更勇敢去面對死亡。

本書的出版是一大突破，打破社會對死亡議題的禁忌，讓人能勇於談論個人對於死亡的看法與經驗。透過本書，我們得以一窺死亡的一些樣貌，或許能稍稍減輕內心最深層的死亡恐懼。

本文作者為國立台北教育大學教育學系暨生命教育碩士班教授兼教務長

推薦序

以融合科學和哲學的觀點來闡述死後的世界

曾煥棠

雷蒙．穆迪博士的 *Life After Life* 在民國八十年曾由賈長安翻譯，方智出版社出版，中文書名《來生》。原書二〇〇〇年九月改版，現在由城邦集團重新翻譯出版，名爲《死後的世界》，有下列幾項特點：

一、來生乎？死後的世界乎？

「來生」是一個複合名詞，包含許多概念，尤其不同宗教有不同的內涵。以基督宗教來說，來生信念是指經過審判或是陰間火湖之後來到新天新地、神的國或是天堂。佛教的來生觀念重點在於輪迴轉世，據佛家經典所載，轉世有六道輪迴，分別是天道、人道、阿修羅道、畜生道、餓鬼道和地獄道。另外就英文的表達來說，來生多半是用 the next life, a future life, eternity, the other life。穆迪博士雖以 *Life After Life* 爲書名，但內容是關於瀕死經驗，所以「死後的世界」應該是比較切題的翻譯。此外，本書的副書名 *The Investigation of a Phenomenon-Survival of Bodily Death*，說明是要以身軀死亡的倖存者進行現象調查，也就是作者嘗試以融合科學和哲學的觀點來闡述死後的世界。

二、目錄的安排

新版本在目錄上做了全新的調整，〈第一章：死亡的現象〉、〈第二章：死亡經驗〉、〈第三章：以古喻今〉、〈第四章：答客問〉、〈第五章：諸家解釋〉、〈第六章：感言〉。特別是在第二章，原文是 The experience of dying，所以應該是瀕死經驗，內容是要使用更恰當的文字來形容各式各樣的瀕死經驗。

三、增加麥爾文．摩斯醫師（Melvin Morse, M.D.）的序

麥爾文．摩斯醫師是西雅圖的小兒科醫師，他和保羅．培里（Paul Perry）合著《死亡之光》（*Transformed by the Light: The Powerful Effect of Near-Death Experiences on People's Lives*）以及《跨過生死之門》（*Closer to the Light:*

Learning from the Near-Death Experience of Children）。由於他寫了許多以兒童的瀕死經驗爲主題的書和醫學期刊論文，所以他的序文對本書具有相當大的學術肯定。如同他在本書序中所言，這本書打破文化和醫學的限制，一般人閱讀以後開始討論死亡，也正視瀕死經驗，醫師們不應再將病人的瀕死經驗當作是幻覺或是腦部缺氧形成的「拉撒路症候群」。

四、增加後記〈二十一世紀的瀕死經驗〉

《死後的世界》重新發行以後，讓穆迪博士有機會概述他的三個研究發展。首先是瀕死經驗，他以科學的光譜寫出「移情性死亡經驗」（empathic death experience）的現象，並且成爲後來的研究題材。其次是死者的顯靈，死者顯靈與否關係著悲痛家屬的悲傷歷程與諮商，不是要去操弄鬼神之說。最後，以科學的方法來證明有死後世界。看起來，穆迪博士以質性的紮根理論進行建構，歸納出瀕死經驗以及其他人類意識的超自然現象的解釋，並且將會呈現在新書《胡言亂語的智慧》（*The Wisdom of Nonsense: How to Prepare for Your Near-Death Experience*）中。

五、翻譯的信達雅，內容更成熟

以伊麗莎白・庫伯勒羅斯醫師（Elisabeth Kübler-Ross）的序爲例，可以很清楚看出前後版本兩位譯者的風格。「This young scholar has the courage to put his findings together and to make this new type of research available to the general public.」前版本翻作「這位年輕的學者敢於將他新潮的研究成果收集成冊並公之於世，眞叫人欽佩其毅力與勇氣不已」；新版本則翻作「**這位年輕學者勇於寫下他的研究成果，將這類新的研究公諸大衆**」。此外，「……that there is life after life.」前版本翻作「死後尚有餘生的說法是開光也是肯定」；新版本則翻作「**的確有死後的生命**」。還有，「Dr. Moody will have to be prepared for a lot of criticism, mainly from two areas.」前版本翻作「看來穆迪博士馬上會遭遇大量的批評，他必須小心應付才好。批評大概會是來自兩個方向」；新版本則翻作「**穆迪博士可能會遭受許多批評，這些批評主要來自兩個陣營**」。英文文章提到 priest，前版本翻作「牧師」；新版本則翻作「神父」，此二者是有差別的，到底哪一個合適呢？首先，依據維基百科的解釋：「A priest is a person authorized to perform the sacred rituals of a religion.」也就是說，priest 最初應該是指祭司，但不同信仰或神職層級會有不同的稱呼，如神父、牧師、祭師、司鐸等。那麼此處要怎麼翻譯才恰當呢？文中庫伯勒羅斯醫師有提到 Denominational church，這個字可以翻譯成「宗派的教會」，一般來說宗派的教會是指天主教、更正教或是英國國教，而十八世紀英國清教徒建立的教會則稱爲 Post-denominational churches，翻譯成「後宗派的教會」。因此，應該是翻譯作神父比較恰當。至於「Selling cheap grace」，前版本翻作「出賣廉價的信寵」；新版本則翻作「**販售廉價的恩典**」。

如此這般，不知讀者你會如何看待這個新版的書？

本文作者為國立台北護理健康大學生死教育與輔導研究所教授

推薦序

瀕死體驗的珍貴啓示

趙翠慧

是如何殊勝的因緣，竟然能受邀爲穆迪博士《死後的世界》這本巨作的中文版寫序？受寵若驚之餘，心中眞是充滿了無盡的感謝！

想起十二年前，我自己重病彌留之際經歷的經驗，以及醒來後的茫然，若不是當時有幸讀到穆迪博士的《死後的世界》一書，我不知道那竟是可遇不可求的「瀕死經驗」。心中對穆迪博士在一九七五年就提出並全心全意投入研究的「瀕死經驗」感動不已！更感激穆迪博士帶領我透過《死後的世界》，把觸角伸向更廣闊的靈性探索與追尋。

十二年來，我走訪世界各地與人們分享我的生命經驗，我知道只要聽過我說「瀕死經驗」的人，會和我一樣被改變，而不須自己也經歷重病或意外事故。這改變是：充滿了熱情，尤其是對生命、對服務他人。我們不再重視物質的享受，我們追求心靈的平靜，歡喜無處不在。我們捨不得他人受苦，多麼希望自己能多分擔一些。我們的人生觀、價值觀明顯趨於正向，我們奉「敬畏、謙卑、感恩」為處世哲學。

最重要的是：我們不害怕死亡。我們知道死亡是這一期生命的圓滿，正如佛教思想裡把死亡說成「往生」——我們將「往」下一期的「生」命裡去。

慈悲的大自然，讓我們看著爬在地上的毛毛蟲，蛻變成飛上青天的美麗蝴蝶；看著在水裡游來游去的小蝌蚪，變成能跳上陸地的青蛙。看著這些生命的轉化，那我們人呢？當我們死亡，放下這物質的肉體時，我們的生命會轉化成什麼而存在呢？

許多有過瀕死體驗的人，在腦死、心臟停了以後，看到光，看到死去的親友來接他，快速地有一番自己的人生回顧，或在隧道裡向盡頭的強光跑去，或在天堂花園漫步……請問這時候能看見、能奔跑、能感覺的，是躺在醫院開刀房、急診室或某處已經被判定沒有生命跡象的什麼呢？這些重返人間的生命，因為曾經沐浴在光中，哪怕只是一剎那的時間，也都有了改變。那不可思議的光，到底來自何方？怎麼可以改變千千萬萬的瀕死之人？不管他在瀕死之前是怎樣的人，瀕死之後都能成爲樂觀進取、積極向上的人。

我相信，瀕死體驗就是宇宙給予人類探索自身奧祕的禮物，這是宇宙心的智慧。

穆迪博士是醫學、哲學的博士，他以專業而嚴謹的態度來面對「二十一世紀的瀕死經驗」。他提到關於人類意識在生死關頭的超自然現象探究，他概述了研究的三個發展，格外讓人振奮，他解除了人們對「死後世界」未知的恐懼，他提供了療癒喪親之痛的良方……他讓我們看到生命的盡頭的那道光。

因爲知道充滿了愛的光就在那裡，我們可以安心地活在當下：懂得自愛、愛人，願意無條件地利他、助人。

衷心感謝穆迪博士的守護——他以「大無畏」的慈悲爲我們揭示了「瀕死體驗」的珍貴。

本文作者為台灣瀕死經驗研究中心負責人

推薦序

死亡是個複雜得多的東西

麥爾文・摩斯（Melvin Morse, M.D.）

二十五年前，雷蒙・穆迪的《死後的世界》改變了全世界人們對於死亡的理解。穆迪醫師的研究在整個世界傳開來，他告訴現代人們對於死後經驗可以有什麼期待：隧道、白光，也會有死去很久的親友在「彼岸」等候我們。想一想，在二十五年前，這樣的意象還不常和死亡經驗聯想在一起。維吉尼亞大學的精神醫學教授布魯斯・葛雷森（Bruce Greyson）曾說，穆迪的研究開啓了「一整個新的世界」。我們集體的世界觀改變之大，讓人幾乎忘記在一九七五年該書出版以前的文化限制。

在《死後的世界》出版以前，「瀕死經驗」（near-death experience）一詞甚至不存在。醫師們稱之爲「拉撒路症候群」（Lazarus Syndrome）[1]，暗示著那是醫學上的病理結果。病人也不會把任何東西叫作「瀕死經驗」，大概都認爲他們不是有精神疾病就是藥物引起的幻覺，再不然就是腦部缺氧。當穆迪醫師花時間傾聽心臟病發作而活下來的病人談他們的瀕死經驗，我們的社會頓時集體「醒悟」，人們開始明白，當我們死去的時候，會有非常靈性的事情發生。根據蓋洛普的調查估計，百分之五的民眾曾經有瀕死經驗，但是他們大多因爲害怕被嘲諷而羞於啓齒。他們總是會懷疑自己的遭遇是不是眞實的。

《死後的世界》之所以風行一時，是因爲它指出了西方文明的兩個主要問題：其一是喪失關於死亡和臨終的集體社會神話；其二是有系統地貶低任何和人類靈性面向有關的東西。穆迪醫師的作品讓我們想起自己骨子裡其實是靈性的存有者；當我們死去的時候，有慈愛的光來接引我們，那就是證明。當大限到來之際，我們的生命不是根據賺了多少錢或社會地位和聲望去評斷和詮釋的，而是根據我們一生中和其他人分享了多少愛。在教會聚會以及傳統宗教團體的參與度都是史上新低的時代，《死後的世界》重新點燃了我們對於日常生活中重要靈性的理解興趣。

《死後的世界》原本由伊麗莎白．庫伯勒羅斯寫序，她是死亡和臨終研究的先

1 譯注：指在心肺復甦急救失敗後卻自動恢復心跳的個案。

驅，因此可以說是相互輝映。儘管數萬年來，人類都接受死亡是生命的一個自然部分，但是在二十世紀初，我們對於死亡的態度卻爆發一場血腥革命。死亡成了不自然的、骯髒的、用醫學手段處理的，而且不能讓大眾看到。一八八〇年代，大部分人都在家中去世；到了二十世紀中葉，大多數人是死在醫院裡。由於醫學的進步，對生命末期的侵入性干預導致臨終病人放棄了尊嚴，也無法決定自己的生命。一九〇〇年後期，就連美國醫學協會都說，臨終病人承受羞辱且不必要的醫療干預，使得死亡歷程的尊嚴蕩然無存。

一九六五年，當庫伯勒羅斯醫師寫作她的《論死亡與瀕死》（*On Death and Dying*）時，死亡是沒有人要討論的話題。臨終病人深受「愛的謊言」折磨。他們不知道自己的病情眞相，旁人覺得眞相對病人打擊太大，會讓病人絕望。當然，社會科學家證明了，臨終病人總是知道自己快要死了。醫界和社會只是用愛的謊言蒙住眼睛，對死亡的事實視而不見。

庫伯勒羅斯醫師敢於和臨終病人談論他們的感受。此舉招致她在芝加哥醫院的同事們對她產生極大敵視。例如說，有個護士忿忿不平地問她，告訴病人只有幾個禮拜可活，她是不是很高興。庫伯勒羅斯醫師發現，那些病人早就知道自己只剩幾個禮拜的生命，而且承受著社會對於死亡的恐懼所帶給他們的孤獨和隔離。雖然庫伯勒羅斯對於理解臨終者的靈性狀態貢獻卓著，但是她在她的第一本書裡只討論到死亡的各個情緒階段，包括否認與隔離、忿怒、討價還價、沮喪和接受。即使是如此常識性的言論，我們的社會還是震驚不已。要一個以拯救生命而不是助長死亡為職志的醫療機構承認臨終者居然有感受，是可忍孰不可忍？一九六〇年代中期，儘管在美國有性愛和政治革命，卻沒有人敢討論生死大事，臨終的異象和靈性旅程也是個禁忌話題。

又過了十年，社會氛圍才準備好接受《死後的世界》。庫伯勒羅斯醫師已經預告了一個「駭人聽聞」的概念：臨終者都能預感自己的死亡，甚至經常接受它。十年後，穆迪醫師告訴我們為什麼。他說死亡不只是生命的熄滅，他藉著足以改變生命的洞見，證實死亡是一個靈性充滿活力的時刻。而這些洞見也改變了我們的社會。《死後的世界》帶來巨大衝擊的另一個指標，就是在它出版以後，類似的作品如雨後春筍般出現。包括《生命之初》[2]、《死亡時的生命》[3]、《生死之

2 譯注：Helen Wambach, *Life Before Life*, Bantam, 1984。
3 譯注：Kenneth Ring, *Life at Death*, William Morrow, 1980。

間》[4]，以及我最喜歡的《貓王身後事》[5]。《死後的世界》成了一個文化偶像，因爲它回應了當時社會的靈性貧困。

諷刺的是，讓病人得以甦醒對我們講述瀕死經驗的，正是那輕視且羞辱臨終病人處境的醫療技術。一九七〇年代初期，醫療技術的進展使得成功救回心跳中止的病人成了稀鬆平常的事。雖然我們常聽到一些關於死後世界的故事，但是在現代以前，很少有臨床死亡後復活的案例。有了現代的加護急救醫學以及隨機應變的醫療團隊，跟死神搶病人的事也就司空見慣。穆迪醫師破天荒地察覺到，這些病人有助於我們對生命最後幾分鐘的理解。

穆迪醫師對第一代及第二代科學家的影響和這本書一樣重要。一千年前，根本不需要像《死後的世界》這樣的書，當時的人們都很熟悉臨終的靈性層面。在一九七五年，並沒有足夠的文獻證明死者會有關於另一個生命的異象；同時必須證明這些異象是眞實的，而不只是臨終者的心理幻覺。二十五年後，該領域裡幾乎每一個洞察人類奧祕的研究者和科學家都認爲，這些經驗是眞實的，而且是死亡歷程很自然的一部分。

第一代的瀕死經驗研究者包括康乃迪克大學心理學教授肯尼斯．林恩博士

（Dr. Kenneth Ring）、維吉尼亞大學精神醫學教授布魯斯・葛雷森博士，以及英國皇家精神醫學院的神經精神醫學家彼得・芬威克（Peter Fenwick）。他們以正規的科學研究技術得出和穆迪醫師大同小異的結論。無數的研究者證明了這些經驗眞實不妄，而不是幻覺或腦部病變的結果。

他們的工作則啓發了像我一樣的第二代科學家。我們在西雅圖兒童醫院對孩子們的瀕死經驗進行臨床對照研究，再次證明那些經驗是死亡歷程中眞實的部分，而不是藥物或腦部缺氧所致。這些孩子們都還太小，不知道要害怕死亡，也不知道瀕死經驗是什麼，他們跟我們說的故事，和《死後的世界》裡的成人故事一模一樣。

更重要的是，國家戰爭研究院的詹姆士・惠尼利醫師（Dr. James Whinnery）開發出一種技術，可以在控制的環境下誘發出瀕死經驗。他的研究對象是戰鬥機飛行員，他讓他們待在一座巨大的飛行實驗離心機裡，因而進入瀕死狀態。他的研究目的是要理解戰鬥機飛行員在高速戰鬥機裡承受的重力反應。他證明了，在離心機的壓力下，戰鬥機飛行員也會有瀕死經驗。來自喬治亞州的精神科醫師雷蒙・穆

4 譯注：Joel Whitten, *Life Between Life*, Grand Central Publishing, 1988。

5 譯注：Raymond A. Moody, *Elvis After Life: Unusual Psychic Experience Surrounding the Death of a Superstar*, Peachtree Pub Ltd, 1987。

迪、空軍飛行醫師惠尼利，以及我，西雅圖的小兒科醫師，各自研究瀕死經驗，並得到相同的結論，那眞是人生一大快事。

穆迪醫師的書剛出版的時候，醫界的科學家們冷嘲熱諷說瀕死經驗只不過是幻覺而已。二十五年後，科學已經站在穆迪醫師這一邊。我不知道有哪個主流科學研究者沒有得出類似的結論。過去七年來的科學文獻裡，關於瀕死經驗有三種主要論點，而且都和穆迪醫師最初的研究成果一致。諸如庫伯勒羅斯和穆迪的先驅，在當時必須面對懷疑和仇視的文化氛圍，而今卻有數十種研究瀕死經驗的主流科學期刊問世。在穆迪醫師創造的氛圍下，有數百名研究生以瀕死經驗的研究爲題拿到學位。美國有半數的醫學院也開設探討臨終靈性層面的課程。

現在，沒有人會因爲有幸擁有瀕死經驗而擔心自己被嘲笑或是覺得精神有問題。《死後的世界》證明了，瀕死經驗可以給他們正向的蛻變。當他們在臨終時看到靈性的光，那些容易導致心臟病的憤怒和A型人格似乎都融化掉了。[6]

國際瀕死研究協會（The International Association of Near-Death Studies, LANDS）是一個致力於提供那些有此經驗的人們諮商和支持的機構，他們吸取種種研究經驗和使命，建立起有助改變我們社會的組織，對於科學研究的獎掖不遺餘力。它在美國以及世界各地有數百個分會。而正是穆迪的《死後的世界》，直接促成該組織的設立。

二十五年來，穆迪醫師始終像個拓荒者。科學家如果有像《死後的世界》如此非凡的成就和貢獻，一般而言就會守著他的桂冠，以其餘年修正和闡揚原本的見解。儘管穆迪實至名歸地獲聘爲內華達大學意識研究中心講座教授，他仍舊爲研究生和大一新生開設關於瀕死經驗以及死後生命的科學研究課程。

穆迪醫師在出版《死後的世界》以後，持續投入意識研究的探索。他始終走在科學研究的尖端，而且會一直比我們其他人超前二十五年。

例如說，一九九五年，他開發一種不用眞正接近死亡就能誘發瀕死經驗的技術。他利用該技術讓人們可以和死去的親友接觸。穆迪醫師在研究古代希臘關於瀕死經驗的起源時，重新發現了古代希臘醫師用於袚除儀式的一種冥想密室的方法，亦即所謂的「心靈暗室」（psychomanteum）。於是他建造了自己的「心靈劇場」，進行了數百次臨床試驗。如今在美國有十幾個「心靈暗室」在從事實驗。俄

6 譯注：指爭強好勝、急躁易怒的性格特徵。根據弗里德曼（Friedman）和羅森曼（Rosenman）於一九五九年開始的研究顯示，A型人格容易罹患心血管疾病。

羅斯的物理學家伊凡・狄米崔夫（Ivan Dmitriev）也不約而同地發現「心靈暗室」，由精神科醫師奧爾嘉・卡里提第（Olga Kharitidi）用來誘發脫離身體的知覺以及前世經驗。

自從重新發現「心靈暗室」以來，穆迪醫師持續研究如何將瀕死經驗的力量用於我們的日常生活。有一次他問我說：「我們為什麼要等到死了才能體會到這個美妙的蛻變經驗呢？」

他目前在研究不需要「心靈暗室」的專業設備也能以冥想技術誘發出該經驗的方法。奇怪的是，在他對於靈性經驗的理解和誘發的研究裡，幽默經常是很重要的元素。

就我個人而言，我有關瀕死研究的任何成果，都是受穆迪醫師的啓發。我第一次遇到穆迪醫師，是在華盛頓大學擔任從事腦部研究的研究員，而我原本的興趣是在放射線以及抗癌藥物對腦部的影響。當時我以在擔任重症照護醫師值夜班時見證到一個孩子的瀕死經驗為基礎，發表了一篇論文。

我們在西雅圖兒童醫院的研究團隊，將瀕死經驗的研究視為繁忙的醫療工作以外有趣的副業。我對該領域涉獵不深，早期發表關於瀕死經驗的論文也只是在我的履歷上累積足夠的論文數量而已。我把那些經驗當作「有趣的罕見疾病」（fascinomos），也就是說，有趣但不是很重要。

但是我和穆迪醫師的相遇改變了這一切。他讀過我第一篇關於兒童瀕死經驗的論文之後，表示很想要見我。整整三天，我們不間斷地討論瀕死經驗。我清楚記得當時醫院打電話叫我回去爲一位重傷病患施行急救。穆迪醫師陪我趕到醫院，我在照護病患的時候，只要一有空，我們就繼續討論，然後回家路上接著聊下去。

他啓發我以嚴謹的態度去思考這些經驗，以及它們對於理解人類意識本質的重要性。臨終病人昏迷的腦部對於四周環境仍然有意識和知覺，也能和另一個靈性世界互動，這一點對於理解腦部如何作用而言，意義非常深遠。他預測說，瀕死研究會讓身爲一個神經科學家的我聲名大譟，而不是當時我所投入的前景看好的癌症研究。

約瑟夫．坎伯（Joseph Campbell）曾經寫道，死亡的意象是神話學的開端。而神話則讓我們覺得自己不只是活人社會的一部分，我們也繼承了死去的人們的遺產，他們在我們很早以前就來了，當我們走了以後，他們還會在這裡很久。人類的神話爲個人的生命賦與意義，也幫助我們解釋各種無法被理解爲「正常」的事件，例如死亡。

現代社會摒棄了死亡和社會之間存在了幾萬年的關係。現代的葬禮對屍體不理性的防腐處理正好反映了這一點，那是一百年前才有的習俗。我們失去彼此的關係，也失去了生命的意義，讓我們的社會左支右絀。漂泊不定、憂鬱症、藥物濫用、酗酒、路霸、槍枝暴力，都是根源於靈性智慧的匱乏。

穆迪醫師的《死後的世界》讓我們回憶起關於死亡的一個永恆智慧。我們不只是死去而已；死亡是個複雜得多的東西。我們有意識地死去，對我們的生命了解愈多，對於這個世界的認知就愈開闊。藉著理解瀕死經驗，我們回想起部落薩滿的智慧、《西藏度亡經》的洞見，以及偉大的世界宗教的起源。穆迪醫師的《死後的世界》讓我們回想起沉睡在我們心裡的靈性。他的書給了我們許多靈性工具，讓我們去理解自己的生命。這是一本永垂不朽的書，一本無論是二十五年以前或自此二十五年以後都極為重要的書。

寫於二〇〇〇年

推薦序

一位正直誠實的研究者所寫的書

伊麗莎白．庫伯勒羅斯（Elisabeth Kübler-Ross, M.D.）

我有幸拜讀穆迪博士《死後的世界》出版前的稿件，很高興這位年輕學者勇於寫下他的研究成果，將這類新的研究公諸大眾。

二十年來，我一直陪伴著臨終病患，於是乎愈來愈投入觀察死亡本身的現象。有關臨終的歷程，我們已經知道很多，但是關於死亡的那一刻，以及病人在被宣告臨床死亡時的經驗，我們仍然有許多疑問。

穆迪博士在書中提出的研究，將會啓發許多人，也證實了我們兩千年來學到的東西：的確有死後的生命。儘管他聲明那並不是對死亡本身的研究，基於他的研究成果可以看到，臨終病患在被宣告臨床死亡以後，仍然能夠清楚意識到周遭的環境。這和我的研究不謀而合，我的研究採用死而復生者的說法，那完全出乎我們意料之外，也讓某些技術精湛、成就斐然的知名醫師跌破眼鏡。

這些病患都有過飄出身體外面的體驗，伴隨著平安及完整無損的美好感受。大部分病患都意識到有個人來幫助他們過渡到另一個存在國度。大多數人也看到死去的親友前來歡迎他們，或者是看到對他們意義重大的宗教人物，當然那要看他們信仰的是什麼宗教。正當我打算將自身的研究成果寫下來時，閱讀穆迪的書給了我很多啓發。

穆迪博士可能會遭受許多批評，這些批評主要來自兩個陣營。神職人員或許會義憤塡膺，竟然有人膽敢探究禁忌的領域。某個基督教派的宗教代表就曾經對這類的研究大肆撻伐。有個神父說那是「販售廉價的恩典」。其他人則只是覺得生死問題是盲目信仰的事，任何人都不應該質疑它。穆迪博士可能要爲其作品回應的另一群人，則是那些認爲這類的研究「不科學」的科學家和醫師。

我想我們的社會正面臨一個轉型期。我們必須勇於打開新的窗子，並且承認現有的科學工具在許多新的研究裡其實是捉襟見肘的。這本書替心胸開闊的人們打開了新的窗子，給他們希望和勇氣去評斷新的研究領域。他們會知道穆迪博士的研究成果是眞實不虛的，因爲那是一位正直誠實的研究者所寫的書。我自己的探索，以及其他嚴謹的科學家、學者和神職人員的研究成果，都可以作爲加強證據，他們勇於探究這個新領域，希望有助那些需要知道而不只是相信的人。

我樂意向胸襟開闊的人們推薦這本書，也恭喜穆迪博士勇於將他的研究成果付梓。

寫於伊利諾州佛洛斯摩村（Flossmoor, Illinois）

導論

這本書既然是由一個人寫的，當然反映了寫作者的背景、意見和成見。因此，雖然我試著盡可能客觀而直截了當，但在論斷接下來讓人舌撟不下的主張時，關於我的某些事實或許派得上用場。

首先，我自己不曾和死神打過交道，所以我談的並不是親身經驗。但是我也不能因此就說自己完全客觀，畢竟我的情感已經捲入這項研究計畫。聽了那麼多人描述本書所要探討的奇妙經驗，我覺得自己幾乎真的走過一遭。但願這樣的態度沒有讓我的探究方法的合理性和衡平性打折扣。

其次，我對於超自然和神祕宗教現象的相關文獻涉獵不深。我這麼說並不是貶抑那些文獻的價值，我也相信，窮究它們將增進我對所研究的事件之理解。事實上，我正準備要深入那些作品，看看我的研究成果是否有助於證實其他人的探究。

第三，我的宗教養成教育也值得一提。我們家是屬於長老教會，但我父母親從來不強迫孩子接受他們的信仰和觀念。成長過程中，他們總會鼓勵我去做自己喜歡的事，給我機會去追求它們。因此，成年以後，我信仰的「宗教」不是一套固定的教條，而是對於各種靈性的和宗教的學說、教義和問題的關心。

我相信所有偉大的宗教都有許多眞相要告訴我們，我也相信對於宗教所探討的深層而根本的眞理，我們沒有人可以回答。就教派而言，我屬於衛理公會。

第四，我的學術和專業背景有點多樣，有人會說是雜駁。我在維吉尼亞大學念研究所，一九六九年獲得哲學博士學位。我的主要興趣在倫理學、邏輯和語言哲學。我在北卡羅萊納州東部的一所大學任教了三年，後來決定去念醫學院，想要當個精神科醫師，並且到醫學院去教醫療哲學。以上的興趣和經驗應該都有助於我走上這條研究的路。

我希望這本書能夠讓人們注意到一個無所不在又諱莫如深的現象，並且以開放的態度去接受它。因爲我堅信該現象有其重要意義，不只是對於學術和專業領域（尤其是心理學、精神醫學、醫學、哲學、神學和聖職），更包括我們日常的生活方式。

讓我先開宗明義地說，我不是要證明有死後的生命，其理由會在後面說明。我也不認爲目前有任何可能的「證明」。基於這個理由，我避免在故事裡提到眞實姓名，也掩蓋某些可能辨識其身分的細節，但不改變它們的內容。此外，無論是爲了保護當事人的隱私，或是爲了得到他們的許可，好讓我在書裡公開他們的故事，那都是必要的作法。

許多人應該會覺得書裡的主張非常不可思議，他們的第一個反應會是置若罔聞。對於這類的人們，我沒有什麼好抱怨的；才沒幾年前，我的反應和他們一模一樣。我不要任何人因爲我的權威就接受或相信書裡的內容。事實上，身爲一個厭棄訴諸權威的謬誤的邏輯學家，我特別要求大家千萬不要那麼做。我只要求不相信你在這裡所讀到的東西的人，自己去探究看看。許多接受它的人們以前也曾心存懷疑，和我一樣對這種事大惑不解。

另一方面，當然也會有許多人讀了這本書以後，放下了心裡的一塊大石頭，因爲他們會發現自己不是唯一有那種經驗的人。對於他們，尤其是除了和少數親友分享以外總是三緘其口的人們，我只能說：我希望這本書能夠讓你們更拋開疑慮地談論自己的故事，好讓大家更加明白人類靈魂一個最引人入勝的面向。

第一章

死亡的現象

關於死亡的性質的問題，
有兩個源自古代傳統的對立解答，
直到現在仍然很流行。
有人說，死亡是意識的消滅；
也有人堅信，死亡是靈魂或心靈到另一個實在界的歷程。

死亡是什麼況味。

自有人類以來，那是我們始終在問自己的問題。過去幾年來，我也一直有機會在廣大的觀眾面前提出該問題。我所面對的團體來自各處，從心理學、哲學和社會學的課程，到教會、電視觀眾和社團，乃至於醫療協會。基於這些公開場合的經驗，我可以說，這個主題總是讓人百感交集，無論是什麼情緒類型的人，或有過什麼樣的生命歷程。

儘管死亡是我們關心的問題，對大多數人而言，卻不知從何談起。原因至少有兩個。其一主要是心理和文化的因素：死亡是個禁忌的話題。或許我們只是下意識地覺得和死亡的任何接觸，即使是間接的，總是讓我們想到自己終究要死，感覺死亡近在咫尺，更眞實也更可信。例如說，大部分的醫學系學生，包括我自己在內，第一次踏進解剖實驗室時，即便是和死亡遠距離的相遇，也會覺得非常不安。就我而言，如此反應的原因現在看來廓然明白。回想起來，問題不完全在於我所看到的那個老師的大體，當然它的確讓我很不自在。我在解剖檯上看到的，是我自己死亡的象徵。無論如何，就算只是前意識，我心裡難免會浮現一個念頭：「我也會有那一天的。」

同樣的，在心理層面上，談論死亡也可以被視爲間接地接觸它。許多人會覺得，談到死亡無異於在心裡召喚它，讓死亡現前，而不得不面對自己難逃一死的事實。於是，爲了免於心理的創傷，我們決定盡可能地規避該話題。

難以啓齒談論死亡的第二個原因則複雜許多，因爲它植基於語言的本質。人類語言裡的語詞大多指涉我們經由身體感官經驗到的東西。然而，死亡是在大多數人們意識經驗以外的東西，因爲幾乎沒有人曾經見識過它。

如果我們眞的要談論死亡，就必須放下社會禁忌，以及因爲我們不曾經歷過它而產生的根深柢固的語言學兩難。而我們最後總是選擇以委婉的類比去談論它。我們將死亡比擬成生活經驗中比較愉快的事，或是我們熟悉的事。

最常見的類比，應該是死亡和沉睡的比較。我們告訴自己，死亡就像是睡著一樣。這個語言意象經常見於日常的思考和語言裡，以及各個文化和時期的文學裡。即使在古希臘時代，顯然也相當普遍。例如在《伊利亞德》（*Iliad*）中，荷馬將沉睡稱爲「死亡的姐妹」，在柏拉圖的對話錄《辯護篇》（*Apology*），蘇格拉底被雅典陪審團判處死刑，他說了以下的話：

（如果說，死亡只是無夢的睡眠，）那眞是美妙的收穫了。如果要一個人找一個無夢沉睡的夜晚，和一生中其他的日日夜夜做個比較，要他仔細想想，一生中有多少個日子比那個夜晚更幸福的，我想……任何人都會發現那樣的日子屈指可數。如果死亡眞的就像那樣，我就會覺得那眞的是一種收穫，因爲如果你如此去看，整個時間也不過是一個夜晚而已。[1]

我們當代語言裡也埋藏著相同的類比。讓我們看看「put to sleep」[2]一詞。如果你帶你的狗去找獸醫，要他「put him to sleep」，你的意思應該完全不同於和你的妻子或先生一起去找麻醉科醫師時所說的話。有些人比較喜歡另一個相關的類比。他們說死亡就像是遺忘一樣。當人死去的時候，他會忘記一切悲傷，所有痛苦和煩惱的回憶都會被抹去。

但是無論「沉睡」和「遺忘」的類比再怎麼古老而普遍，當我們眞正面對死亡時，終究不夠恰當。它們只是以不同的方式在講同一件事。即使那是比較愉快的說法，其實都是在說，死亡是意識經驗的永遠湮滅。若是如此，那麼死亡眞的沒有任何沉睡或遺忘的好處。沉睡是正面而愉快的經驗，因爲人們會醒來。一夜好眠，醒來以後會更愉悅，工作也會更有效率。如果一覺不醒，那麼睡覺就沒有什麼好處可言了。同樣的，所有意識經驗的消滅，不只蘊含著抹去所有痛苦回憶，所有快樂的回憶也會被擦掉。如此說來，這兩個類比都不足以在我們面對死亡時給我們安慰或希望。

但是有另一個觀點，它不認爲死亡是意識的消滅。根據這個或許更古老的傳統，在肉體功能停止而終至毀壞以後，人類的某個面向仍然繼續存在。這個持存的面向有許多名字，例如魂魄、靈魂、心靈、精神、自我、存有和意識。不管你叫它什麼名字，肉體死亡後，我們會踏入另一個存在國度，這個觀念是人類最神聖莊嚴的信仰之一。土耳其有一座十萬年前尼安德塔人的墳塚。透過化石痕跡考古學家發現，古代人類將死者葬在擺滿鮮花的墳墓裡，意味著他們或許認爲死亡是個該慶祝的時刻，死者正要從此岸度到彼岸。的確，地球上各地早期遺址的墳墓，都證明古代人們相信，在肉體死亡後，人類生命繼續存在。

簡言之，我們原本關於死亡的性質的問題，有兩個源自古代傳統的對立解答，

1 原注：Plato, *The Last Day of Socrates*, trans. Hugh Tredennick（Baltimore: Penguin Books, 1959）, p. 75。

2 譯注：此句有兩個意思：一是「使其入睡」；二是「使其無痛地死去」。

直到現在仍然很流行。有人說，死亡是意識的消滅；也有人堅信，死亡是靈魂或心靈到另一個實在界的歷程。在本書裡，我並不想駁斥任何一個答案，只是要報告我個人的研究。

過去幾年來，我遇到無數曾經經歷我所謂「瀕死經驗」的人們。我在許多不同的機緣下和他們相遇。起初只是偶然與巧合。一九六五年，我在維吉尼亞大學念哲學研究所，遇到一位醫學院的臨床精神病學教授。我一開始就被他的親切、友善和幽默給折服。後來我知道了他的許多趣事，更是感到驚訝，他曾經死過一次，前後約十分鐘，而他也訴說了自己「死去」的精采故事。後來我聽到他向一小群有興趣的學生講述他的故事。當時我非常震撼，但是我無從判斷這類的經驗。我將它「歸檔」在我心裡以及他的談話錄音帶裡。

若干年後，我獲得哲學博士學位，在北卡羅萊納州東部的一所大學教書。在一門課裡，我要學生讀柏拉圖的《斐多篇》（*Phaedo*），那是一篇以靈魂不朽爲主題的對話錄。我在講課中強調的是柏拉圖的其他學說，並未著眼於死後生命的討論。有一天，一個學生在課後跑來找我。他問我說，我們會不會討論到靈魂不朽的主題。他對這個主題很感興趣，因爲他的祖母在手術當中曾經「死去」，後來她訴說了一個非常驚人的經驗。我要他告訴我她的故事，出乎我意外的，他所說的事件始末和幾年前那位精神病學教授的說法幾乎如出一轍。

此時我開始主動去搜尋個案，也在哲學課程裡要學生讀一讀關於人類在肉體死亡以後繼續存在的主題。不過我盡量不在課堂上提及前述兩次死亡經驗。其實我仍然抱著觀望的態度。我在想，如果那種說法相當普遍，或許我會聽到更多的故事，於是我繼續在哲學討論裡提到死後存在的問題，並且表現出同情的心態靜觀其變。結果令我訝異，一堂約莫三十個學生的課裡，總會至少有一個學生在課後跑來跟我說個人的瀕死經驗。

自從我對這個問題感興趣以來，最讓我驚訝的是那些說法都非常類似，儘管敘事者來自不同的宗教、社會和教育背景。一九七二年我進入醫學院，當時我已經蒐集了相當可觀的瀕死經驗的描述，於是我開始對醫界朋友提到我非正式的研究。結果一個朋友說服我在醫學會發表論文，隨而引起熱烈討論。同樣的，每次討論結束後，都會有人跑來跟我談到他自己的經驗。

我在這方面的研究漸漸廣爲人知，有些醫師會告訴我哪些人死而復生，還有哪些人提到不尋常的經驗。在報載文章提及我的研究之後，也會有人寫信告訴我他們的經驗。

到目前為止，我知道大約一百五十個該現象的個案。我所研究的經驗大致可以分為三類：

一、被醫師宣告臨床死亡而後復活者的經驗。

二、在意外事件、重傷或疾病中差一點死去者的經驗。

三、有些人在臨終時將他們的經驗告訴其他人，而我輾轉得知他們的死亡經驗。

面對一百五十個案例的龐大材料，我顯然必須加以簡擇。有些取捨是刻意的。例如說，雖然某些第三類的說法和前兩類很類似，而且可以補其不足之處，但是我經常基於兩個理由而不予考慮。其一是我必須控制研究的案例數量；其二是我盡量採用第一手說法。於是，我訪談了將近五十個人，以便報導他們的經驗。其中，第一類個案（在臨床上顯然死亡的）當然比第二類（和死神擦身而過）更**戲劇化**。的確，每當我在演講時提到該現象，「死亡」的橋段總是人們最感興趣的。媒體的報導有時候也會讓人以為他們是我研究的**唯一**類型。

然而，在挑選本書的案例時，我不想只提及「死亡」事件眞正發生的案例。因爲我們接下來會看到，第二類個案和第一類個案並無二致，反而是第一類個案的延續。再者，儘管每個瀕死經驗都非常類似，但是他們的環境以及敘事者卻大不相同。因此，我試著舉一個經驗的樣本，以反映其多樣性。明白了這個先決條件，現在我們可以去看看，就我所知，在死亡經驗當中可能會發生什麼事。

第二章

死亡經驗

受訪者總是將那些回憶形容成一幕幕的視覺影像，
難以置信地鮮明真實。
在某些個案裡，
他們說那些影像色彩鮮豔、有三度空間感，
甚至有動作。
即使它們飛快閃過，
他們也都能夠如實地感知和辨識每個影像。

儘管瀕臨死亡時的環境以及當事人的類型千變萬化，但是關於那些經驗本身的說法有顯著的相似處。其實，各種說法都非常相似，在我蒐集的大量故事裡，至少可以列出十五個一再出現的元素。基於這些相似性，且讓我構作一個簡短的、理論上「理想的」或「完整的」經驗，依其典型的出現順序，體現所有共同元素。

一個人大限將至，身體痛苦到了極點，並聽到醫師宣告他的死亡。他開始聽到很不舒服的聲音，刺耳的鈴聲或嗡嗡聲，同時覺得自己飛快穿過一條很長的黑暗隧道。接著他脫離了自己的身體，但是仍然在身體四周的環境，在遠處看著自己的身體，彷彿他是個觀眾。他從這個不尋常的有利角度觀看醫師試著救活他，心情一團混亂。

一會兒以後，他回過神來，開始習慣他的怪誕處境。他注意到他仍然有個「身體」，但是性質很不一樣，也擁有不同於以前身體的力量。接著發生了其他事情。他遇到其他人來幫忙他。他隱約看到死去的親戚和朋友的靈魂，一種他前所未見的慈愛而溫暖的靈體臨到他眼前，一種光的存有者。這個存有者問他一個問題，但不是藉著話語，它要他評斷他自己的一生，以一連串的影像重演一生中的大事。不知不覺的，他來到一個邊境，顯然代表人間生命和來世之間的一條界線。然而，他驀地覺得自己必須回到人間，覺得他的死期未到。不過他心生抗拒，因爲他對於死後世界的經驗興味盎然，不想就此回到人間。歡喜、愛和平安的感覺讓他不能自已。但是無論他的態度如何，他還是和他的身體合而爲一，活了過來。

後來他試著告訴別人這樣的體驗，卻不知從何說起。首先，他找不到合適的人類語言去形容那些超自然的場景。他也發現別人在嘲笑他，於是他絕口不提。然而，那經驗對他的生活影響甚巨，尤其是他對死亡及其和生命之關係的想法。

請記得，以上並不是在訴說任何人的經驗。相反的，那是個「模型」，是從眾多故事裡發現到的共同元素所組成。我介紹它出場，只是要讓你們約略知道一個臨終者可能經歷些什麼事情。既然那是我構想出來的，而不是眞正的故事，我在本章會以許多實例，詳盡地討論每個共同元素。

但是在開始以前，我要先說明若干事實，好讓我關於死亡經驗的討論不致於脫軌。

一、儘管各式各樣的故事都有顯著的相似性，但是不會有兩個完全相同的故事（雖然有些故事非常相像）。

二、我不曾聽到有誰完整提到這個組合經驗裡的每個元素。不過許多人都提到大部分的元素（十五個元素裡總會提到八個左右），有些人甚至提到十二個元素。

三、在組合經驗裡，沒有任何元素是每個人都提到的，或者出現在每個故事裡。不過其中有若干元素出現的頻率非常高。

四、上述虛擬模型裡的任何元素，都不會只出現在一個故事裡。每個元素總是在許多各自不同的故事裡反覆出現。

五、臨終者經歷前述各階段事件的順序，可能和我的「理論模型」有所出入。例如說，許多人表示，在他們離開身體同時或之前，他們看到了「光的存有者」，而不是如「模型」所說，是在離開身體以後。然而，該模型的階段順序是相當典型的順序，差別很大的情況並不常見。

六、一個臨終者的經驗和假設的完整經驗有多麼相符，似乎取決於他是否真的經歷臨床定義下的死亡，以及經歷時間的長度。一般而言，一個「死去」

的人，他的經驗會比瀕臨死亡的人更鮮活完整，而「死去」的時間比較長的人，其經驗則比「死去」的時間較短者更爲深入。

七、我遇到一些被宣告死亡後又復活的人，他們沒有提及上述的任何元素。他們表示完全不記得「死亡」的事。有趣的是，我曾經訪談一些人，他們在不同的情況下被醫師宣告死亡，卻說他們什麼也沒有經驗到，但是對於別人的經驗感同身受。

八、我必須強調，我寫下來的報導、解釋或故事，都是別人透過訪談口述給我聽的。因此，當我說那虛擬的、「完整的」經驗裡的某個元素沒有出現在某個故事裡，並不必然意味著該元素不曾出現在那個人的經驗裡。我只是說他沒有告訴我有該元素的出現，或者是在他描述該經驗時沒有提到它。

那麼，在此架構下，我們一起來看看死亡經驗裡的若干共同階段和事件。

無以名狀

我們對於語言的一般理解是基於幾乎每個人都有的經驗的廣義共同性。該事實讓我們以下的討論更加複雜而困難。臨終者所經歷的事件超乎我們的經驗共同性，因此有人或許會覺得他們所面對的事情難以言喻。事實上也是如此。他們異口同聲地說他們的經驗實在無以名狀，也就是「言語道斷」。

許多人甚至說：「我就是不知道怎麼說，」或是說：「我不知道怎麼去形容。」有個女生直截了當地對我說：

我實在很難跟你說，因爲我所知道的字眼都是三度空間的。當我經歷那件事時，我一直在想：「唉，我以前上幾何課的時候，他們總是告訴我說世界只有三度空間，我也接受了。但是他們錯了。其實有更多空間向度。」當然，我們生活的世界是三度空間，但是下一個世界肯定不是。那就是爲什麼我難以啓齒。我必須用三度空間的字眼向你訴說。我已經盡量接近它，卻還是不夠貼切。我實在沒辦法讓你一窺全貌。

聽到消息

許多人實際上聽到醫師或其他目擊者宣告他們的死亡。有個婦人如是對我說：

> 我在醫院裡，他們不知道我哪裡出了問題。詹姆士醫師讓我到樓下的放射科去做肝臟掃描，好查出問題所在。他們先試打藥物，因爲我對很多藥物都過敏。沒有出現過敏反應，於是他們繼續施打。但是這一次我昏了過去。我聽到放射科醫師跑去打電話，我清楚聽到他撥電話的聲音。我聽到他說：「詹姆士醫師，我把你的病人馬丁太太弄死了。」但是我知道我沒死。我想要動一動讓他明白，卻動彈不得。他們試著對我做心肺復甦術，我聽到他們說替我打了幾毫升的什麼東西，但是我沒有感覺到針頭。他們碰我的時候，我完全沒有感覺。

在另一個個案裡，一位心臟一直有問題的婦人心臟病發作，差一點沒命。她說：

一陣刺骨的胸痛驀地襲來，就像鐵箍緊緊束著我胸口一樣。我丈夫和朋友聽到我倒地，趕緊跑來救我。我置身在深邃的黑暗中，聽到丈夫宛如來自遠方的聲音說：「這一次眞的時候到了！」我心裡也想著：「是啊，時候到了。」

有個在車禍當中被認爲死亡的年輕人說：「我聽到一個女人在那裡說：『他死了嗎？』另一個人說：『唉，是啊，他死了。』」

諸如此類的說法，相當符合醫師和其他在場者的回憶。例如有個醫師跟我說：

我正準備替一個女病人動手術，她在術前心臟痲痺。我就在那裡，看到她瞳孔擴大。我們試著救活她，但是所有方法都失敗，於是我想她應該走了。我跟一起開刀的其他醫師說：「我們再試一次，不成就放棄。」這次我們讓她恢復心跳，她活了過來。後來我問她記不記得她的「死亡」經驗。她說不是很記得，不過她聽到我說：「我們再試一次，不成就放棄。」

平安和寧靜的感覺

許多人形容他們在經驗的最初階段，體會到至樂的感受。有個男子腦部受到重創，已經探測不到生命跡象。他說：

「在受傷當下，我感覺到一陣疼痛，但是接著所有痛苦都消失了。那天寒風刺骨，但是我在黑暗裡只覺得溫暖，從來沒有那麼自在……我記得心裡浮現一個念頭：「我一定是死了。」

一個心臟病發作被救活的婦人說：

「我開始體驗到最美好的感受。我只覺得平安、自在、輕鬆，一片寧靜。所有煩惱都不見了，我心裡想：「眞是寧靜平和啊，我一點也不痛。」

另一個男子回憶說：

「我覺得孤寂安然……很美妙的感覺，我心裡很平靜。」

一個在越南受傷「死亡」的男子說，當他中彈時，他覺得：

「完全解脫。沒有痛苦，從來沒有這麼輕鬆自在。我非常放鬆，覺得一切都很好。」

聲響

在許多個案裡，當事人都提到在死亡或瀕死經驗當中，聽到各式各樣不尋常的聲音。有時候那些聲響讓人很不舒服。一個在腹腔手術當中「死亡」了二十分鐘的男子形容說：「我的腦袋裡傳來一個很難聽的嗡嗡聲……我永遠不會忘記那個聲音。」有個婦人說，她在喪失意識時聽到「很大的鈴聲。也可以說是一種嗡嗡聲。我覺得天旋地轉，一團混亂」。也有人將這種惱人的感覺形容成巨大的喀嚓聲、隆隆聲、爆炸聲，以及「像風一樣的呼嘯聲」。

在其他個案裡，這些聲響像是比較愉悅的音樂。例如說，有個男子一到醫院就被宣告死亡，他甦醒以後回憶說，在他的死亡經驗裡：

「我聽到像是來自遠方的鈴鐺聲，宛如在風中蕩漾。聽起來像日本的風鈴……那是我當時唯一聽到的聲音。

一位因爲血栓造成內出血而差一點喪命的年輕女子說，她在休克時，「聽到某種音樂聲，一種莊嚴而美妙的音樂」。

黑暗的隧道

經常和聲音同時出現的，是覺得非常快速地被拉扯穿越某種黑暗的空間。敘事者用許多不同的語詞去形容那種空間。我聽過他們說那是一個洞穴、一座水井、一條排水溝、一個四面有圍牆的地方、隧道、虛空、裂隙、下水道、山谷，以及煙囪。儘管人言言殊，但是他們顯然都在表達同一個想法。我們來看看兩個以隧道來形容的說法：

當時我只是個九歲的小男孩。那已經是二十七年前的事了，一切仍然歷歷在目，難以忘懷。有一天下午，我病得很嚴重，大人們趕緊送我到最近的醫院去。我一到醫院，醫師立刻決定要對我進行麻醉，但是我不知道爲什麼，因爲那時候我太小了。當時他們用的是乙醚。他們用一塊布摀住我的鼻子，後來他們跟我說，我的心臟一下子就停止跳動。那時候我不知道自己怎麼了，但對我來說總歸是個經驗。呃，我首先經驗到的——現在我要開始形容它了——是一種有節奏的鈴聲。接著我朝它走去，穿過一個長長的黑暗地方。你一定會覺得很詭異。那看起來像是下水道什麼的。我說不上來那是什麼，我只是一直跟著那個鈴聲打拍子走去。

另一個受訪者說：

我對一種局部麻醉藥有強烈的過敏反應，會造成呼吸中止。第一件發生的事，就是我飛快地穿越一個陰暗漆黑的空間，非常快。我想你可以把它比擬爲一條隧道。我就像在遊樂園搭雲霄飛車一樣，以極快的速度穿過隧道。

一名男子在病危期間，瞳孔擴大，身體逐漸冰冷，瀕臨死亡。他說：

我在一個漆黑陰暗的空間裡。實在很難解釋，我覺得自己在眞空中飄浮，穿過黑暗。不過我的意識很清楚。我好像待在缺乏空氣的煙囪裡。感覺像是幽域（limbo），一個要到某個地方的中途站。

一個經歷嚴重燒傷和跌落傷害而「死去」幾次的男子說：

大約一個禮拜的時間，我都處於休克狀態。當時我突然逃到一個黑暗的虛空裡。我似乎待了很久，只是在空間裡飄浮翻滾……我完全沉浸在這個虛空裡，心裡沒有別的念頭。

有一個男子小時候很怕黑，他在一次腳踏車意外中，因爲內出血而心臟痲痺：

我感覺自己穿越一座非常黑暗的深谷。伸手不見五指，但那是你可以想像到的最美妙而無憂無慮的經驗。

在另一個個案裡，一名罹患腹膜炎的婦人說：

我的醫師已經叫我哥哥和姊姊來見我最後一面了。護士替我打了一針，讓我死得不會那麼痛苦。周遭的事物離我愈來愈遠。它們退去以後，我先是走進一條狹窄且非常非常黑暗的走廊。我在裡頭似乎適應得很好。我開始往下滑，往下，再往下。

有名婦女在一次車禍中差點喪命，她以電視節目做比喻：

有一種完全寧靜而平和的感覺，一點也不讓人害怕，我置身在一條隧道裡，一條同心圓的隧道。不久以後，我看到一個叫作《時光隧道》的電視節目，人們穿過這條螺旋狀的隧道回到過去。那是我所能想到最接近的比喻了。

一個在鬼門關前繞了一圈的男子以他的宗教背景做比喻。他說：

突然間，我就在一座非常黑暗的深谷裡。彷彿有一條通道，幾乎像條大馬路一樣，直穿山谷，我沿著路往前走……後來我的病好了，心裡浮現一個念頭：「現在我總算知道聖經所說『死蔭的幽谷』是什麼意思了，因爲我到過那裡。」

脫離身體

我們大部分時間都把自我等同於我們的身體，那是不言而喻的事。我們當然也承認我們有「心靈」。但是對大多數人而言，相較於我們的身體，心靈顯得更加倏忽生滅。畢竟，心靈可能只是腦部的電化學反應，因而屬於身體的一部分。許多人很難想像，如果心靈不在身體裡，那會在什麼地方。

我所訪談的對象，在經歷死亡經驗以前，他們和一般人的態度沒什麼兩樣。那就是爲什麼穿越黑暗隧道經常讓臨終者驚訝不已。因爲當時他可能從身體外面的某個地方觀看自己的身體，宛如一個「觀眾」或是「房間裡的第三者」，或者是在觀看「舞台上」或「電影裡」的角色和劇情。我們來看看他們怎麼形容脫離身體的詭異場景。

我十七歲時和哥哥一起在遊樂場工作。有一天下午，我們決定去游泳，有許多年輕朋友跟我們一起去。有個人說：「我們游到湖的對岸去吧。」我曾經游過好幾回，但是那天不知怎的，我在湖心滅頂了……我在水裡載浮載沉，突然間，我覺得我脫離了軀體，離開所有人，獨自到了一個空間。我很安穩地待在同一個地方，看到我的身體在三、四英尺外的水裡漂流。我看到我的身體側俯在水裡。雖然我脫離了身體，仍然覺得自己有身體的形狀。有一種說不上來的輕飄飄的感覺。我覺得自己像一根羽毛似的。

一個婦人回憶說：

約莫一年前，我因爲心臟病被送進醫院，隔天早晨，我躺在病床上，感覺胸口一陣劇痛，我按了床邊的按鈕呼叫護士，她們進來開始爲我急救。我躺在床上非常不舒服，於是我翻了個身，當下卻停止呼吸，也沒了心跳。接著我聽到護士大叫：「粉紅代碼！粉紅代碼！」她們在大喊時，我覺得我離開了自己的身體，飄落在床墊和床架之間。其實我好像穿過了床架，飄到地板上。接著我緩緩升起。往上飄的時候，我看到更多護士衝進病房，應該有十來個。我的醫師剛好去巡房，她們打電話叫他，沒多久他也趕到病房來。我心想：「我眞懷疑他在這裡要做什麼。」我往上飄過燈座，我清楚看到它的側面，然後停下來，飄浮在天花板往下看。我覺得自己像一張被人吹到天花板的紙片。

我從上面看到他們在替我做心肺復甦術！我的身體直挺挺地躺在病床上，一目瞭然，他們站在它四周。我聽到一個護士說：「天啊！她走了！」另一個護士湊過來替我做人工呼吸。她在替我急救時，我看著她的後腦勺。我永遠忘不了她頭髮的樣子；她的頭髮有點短。我看到他們推來機器，對我的胸口進行電擊，我看到我的身體從床上彈了起來，聽到我身體裡的每一根骨頭劈啪響。那是最恐怖的事！

我看到他們在下面搥打我胸口，揉捏我的手臂和腳，我心想：「他們到底在忙什麼？我很好啊。」

一個年輕的受訪者說：

「大約兩年前，我剛滿十九歲。我開車載一個朋友回家，經過市中心的一個十字路口，停下來兩邊察看，但是沒有注意到一個東西疾馳而來。我加速要穿過十字路口，耳邊傳來我朋友的驚聲尖叫。接著我看到一道炫目的光線，是一輛迎面駛來的車子的頭燈。我聽到可怕的聲音，車子側面被重重撞上，在那個瞬間，我似乎迅雷不及掩耳地穿過一個黑暗的封閉空間。接著我飄浮在街道上空，大約距離車子五英尺，撞擊聲漸漸遠去。我看到人們跑了過來，圍在車子四周，我看到我朋友爬出車子，顯然受到驚嚇。我看到我的身體躺在汽車殘骸裡，人們正想辦法把它拖出來。我的雙腿扭曲變形，血流滿地。

或許有人會想，人們遇此險境，難免會有些奇特的念頭和感覺。許多人無法想像脫離身體是怎麼回事，即使他們親身經歷，在概念上仍然一團亂，要過了很久一段時間以後才會聯想到死亡。他們納悶自己到底怎麼了，爲什麼會突然像觀眾一樣從遠處看著自己？

人們對於這個奇怪狀態的情緒反應各有不同。大多數人說他們一開始都急著要回到自己的身體，但是不知道該怎麼辦。有些人則回想說他們非常害怕。但是也有人對他們的困境抱持較正面的反應，一如以下敘述：

我病得很重，醫師安排我住院。那一天早晨，周遭起了濃霧，而我離開了我的身體。當我覺得脫離軀殼時，有一種飄浮的感覺，我回頭看到自己躺在下面的病床，心裡並不驚慌害怕，反而很平靜、平安、安詳。我一點也不沮喪或恐懼。那是一種靜謐的感覺，我不必擔心害怕。我知道自己可能要死了，如果我回不去我的身體，我就會死去。

不同的人對於他們拋下的身體，態度也大相逕庭。人們流露出對其身體的憂慮是很平常的事。有一個年輕女孩，她在經歷死亡經驗時還是個護理系學生，不難理解她的害怕。

我知道那有點可笑，但是在護理學校時，他們灌輸我們說，應該將身體捐給科學研究。嗯，當我看到他們想辦法讓我呼吸時，我不斷在想：「我不要他們解剖我的身體。」

我聽過其他兩個人說，他們在脫離身體時也有相同的憂慮。有趣的是，他們都是從事醫療工作的人，一個是醫師，一個則是護士。

在另一個個案裡，這個擔憂則變成後悔。有個人因墜落而身受重傷，導致心臟痲痺，他回想說：

有一陣子，我知道自己躺在病床上，但是我沒辦法眞正看到床或是照顧我的醫師。不知怎的，我看到我的身體躺在病床上。看到自己的身體血肉模糊的樣子，我整個心都揪在一起。

有些人告訴我，他們在這個相當震撼的過程中，對自己的身體覺得很陌生。

哇，我都不知道我看起來像那樣！我只習慣看著照片或鏡子裡的我，而且都是**平面的**。但是突然間，我——或者說是我的身體——就在那裡，而我看得到它。我眞的看得到，一目瞭然，從大約五英尺外的地方。我花了好一會兒才認出來那就是我。

也有人以誇張而幽默的方式去形容那種陌生的感覺。有一位醫師說，當他被臨床判定爲「死亡」時，他在床邊看著自己的身體呈現死後屍體都會有的灰白色。著急而困惑的他心想，這下子該怎麼辦。他覺得很不自在，有些遲疑地決定先離開。他年輕的時候，祖父跟他說過鬼故事，弔詭的是，「我不喜歡和那些看起來像屍體的東西爲伍，即使那屍體就是我！」

也有人正好相反，說他們對自己的屍體沒什麼感覺。例如說，有個婦人心臟病發作，感覺自己就快要死了。她覺得自己被拉出身體，飛快地穿越黑暗。她說：

> 我根本沒有回頭看我的身體。哎呀，我知道它在那裡，好啦，我往下看就看得到。但是我不想看，一點也不想，因爲我知道我一生已經盡力了，現在我要專心在另一個世界。我覺得回頭看我的身體無異於回首從前，而我決定不要那麼做。

同樣的，有個女孩子在車禍當中受重傷，因而有脫離身體的經驗。她說：

> 我看到我的身體和其他人都卡在車子裡動彈不得，但是我一點感覺也沒有。他們就像是完全不同的人類，或者說是物體……我知道那是我的身體，但我對它沒有任何

感覺。

儘管脫離軀殼的狀態讓人毛骨悚然，但是它在剎那間突然襲向臨終者，臨終者總要花上好一會兒才會明白那是怎麼回事。他或許脫離身體一陣子，急著要搞清楚自己怎麼了，種種念頭紛至沓來，到最後他才明白自己正要死去，甚或已經死了。

當他明白時，情緒或許會波動得很厲害，也會生起讓人拍案叫絕的念頭。有個婦人記得當時她心想：「啊，我死了！眞好！」

一個男子說，當時有個想法湧上他心頭：「這應該就是他們所謂的『死亡』吧。」即使他們明白了，難免也會茫然若失，甚至拒絕自己的狀態。例如說，有個男子想到聖經上說「我們一生的年日是七十歲」[1]，心裡忿忿不平，因爲他「才活了二十歲」。一個年輕女孩對於那種感覺的說法，讓我爲之動容：

我想我死了，我並不難過，但是我不知道該怎麼辦。我的思緒和意識與生前沒兩樣，但我就是理不出頭緒來。我一直在想：「我要去哪裡？我要去哪裡？」「天啊，我死了！眞是不敢相信！」因爲你絕對不會眞的相信你要死了。那總是別人的事，儘管你知道你內心深處從來沒有眞的相信它……於是我決定稍安勿躁，等到那些念頭都沉澱了，再看看該往哪裡去。

在我研究的若干個案裡，靈魂、心靈和意識脫離其身體的臨終者說，他們不覺得自己是任何形式的「身體」。他們覺得自己彷彿是「純粹」意識。有個男子說，他在那種經驗裡，覺得好像「能夠看到我周遭的一切，包括躺在病床上的身體，而我卻不佔據任何空間」，也就是說，宛如一個意識的點。另外也有些人說，當他們脫離軀殼以後，不記得自己是任何形式的「身體」，因爲他們完全沉浸在周遭的事件裡。

然而，在我的研究主題裡，也有許多人說當他們離開肉體以後，發現自己在另一個身體裡。於是我們馬上就掉進一個相當棘手的領域。這個「新身體」是死亡經驗的兩、三個層面之一，而人類語言的言不及義成了最大的障礙。幾乎每個跟我談起這個「身體」的人，到頭來都會很沮喪地說「我無法形容它」，諸如此類的話。

不過，他們關於這個身體的說法倒是相當接近。因此，雖然不同的個體用不同

1 譯注：《詩篇》90:10。

的語詞，引用不同的類比，但各式各樣的說法顯然都在訴說同一件事。關於新身體的屬性和個性的各種敘述也相當一致。於是，我以在若干個案裡曾經提到的「靈體」（spiritual body）一詞總結它的屬性。

臨終者或許首先意識到他們的靈體的種種限制。他們在脫離軀殼時發現到，儘管他們急於告訴別人自己的困境，但是顯然沒有人聽到。有個婦人因爲呼吸衰竭而被送到醫院急診室，接受心肺復甦術急救，她的故事片段或許可以清楚說明該情境：

> 我看到他們在替我急救。感覺很奇怪。我不是在很高的地方，好像是站在一個基座上，沒有比他們高多少，剛好可以俯瞰他們而已。我試著跟他們說話，但是沒有人聽得到，沒有人要聽我說話。

不只是聽不到，在靈體裡的人還發現周遭的人也看不到他。醫療人員或陪同的家屬或許視線投向他所在的地方，那個在靈體裡的他，卻沒有人看到他。他的靈體不是固態的，四周的物體似乎可以輕易地穿過它，而他也抓不到他想接觸的任何物體或人。

醫師和護士猛搥我的胸口，試圖讓我恢復心跳，把我救回來。我不停跟他們說：「別管我了。我只想一個人靜靜。別再搥打我了。」他們沒有聽到。於是我試著推開他們的手，不讓他們繼續敲打我的身體，但是沒有用。我什麼也摸不著。那就像……我不知道怎麼回事，但我就是無法推開他們的手。我打他們一下，但是他們的手仍然文風不動。我不知道我的手是穿過他們、繞過他們，還是怎的。當我試著推開他們的手時，感覺不到任何阻力。

或是有人說：

人們從四面八方湧到失事現場。我看得到他們，我就在狹窄的人行道中間。不知怎的，他們走過來的時候，似乎沒有看到我。他們只是看著前方。當他們靠近我時，我想要轉身讓路給他們，但是他們直接**穿過**我。

再者，他們異口同聲說，靈體是沒有重量的。如前所述，大多數人是發覺自己飄浮在天花板或空中時，才注意到這一點。許多人以「飄浮的感覺」、「無重量的感覺」、「漂流的感覺」來形容他們的新身體。

一般而言，我們在身體裡的時候，會有許多樣式的知覺跟我們說，我們的身體及其各部位什麼時候在哪裡，以及是不是在動。對此而言，視覺和平衡感當然很重要，但是還有其他相關的感官。運動感覺是關於我們的肌腱、關節和肌肉的動作或張力的感官。我們通常不會意識到來自運動感官的感覺，由於持續使用它，我們對它的感覺會變得遲鈍。但是我想如果我們突然失去它，應該立刻會察覺到它的消失。事實上，有許多人告訴我，他們在靈體裡的時候，意識到自己失去了體重、動作和位置的感覺。

靈體的這些特徵，一開始似乎是某些限制，但是同樣也可以視爲限制的消失。試想：相較於周遭其他人，在靈體裡的人其實處於一個有利的位置。他可以看到且聽到別人，但是別人看不到也聽不到他。（對此許多間諜應該會羨慕不已。）同樣的，當他碰觸門把時，門把卻穿過他的手，但這其實沒有什麼關係，因爲他發現自己可以直接穿過門。一旦掌握到訣竅，行動就變得特別容易。物體不再是障礙，從某處移動到另一處可以非常快速，幾乎就在瞬間完成。

再者，雖然其他人無法以身體知覺感知到他，所有經歷死亡經驗的人都一致認爲，靈體仍然是**某種東西**，儘管說不上來是什麼東西。他們都說，靈體有某個形式或輪廓（有時候是球體的或形狀不固定的雲，但有時候基本上和身體沒什麼兩樣），甚至也有身體的各部位（類似手臂、雙腳和頭的形象或外觀）。即使一般人都說它是圓形的，也有許多人說它有頭有腳，甚至剛才提到的各「部位」。

我聽過他們以許多不同的字眼在形容這個新的身體，但是我們可以看到他們其實都是在講同一件事。案主們所用的字眼包括一團霧、雲、煙霧一般、蒸氣、透明的、一抹雲彩、虛無縹緲、一種能量形態，以及其他類似的語詞。

最後，幾乎所有人都提到離開身體的狀態是**沒有時間性的**。許多人說，儘管他們必須用時態語詞去形容他們在靈體裡的那一段時間（因爲人類語言是有時態的），但是不同於他們在身體裡那樣，時間其實不是靈體經驗的元素。以下摘述五段受訪者的談話，他們現身說法，談到在靈體裡種種難以想像的面向。

一、我的車子在轉彎時失控衝出馬路，飛在空中，我記得我看到藍天，接著車子墜落到水溝裡。車子衝出馬路時，我對自己說：「我出車禍了。」一瞬間，我有點失去了時間感，也喪失了身體的實在感——我脫離了我的身體。我的存有、自我或是靈魂，不管它叫什麼東西，我感覺到它從頭部離開了我。而且一點都不痛，只是有點像起飛的樣子，它就在我的上方……

（我的存有）感覺上有個**密度**，但不是物體的密度，有點像是，我不知道，我想像是波浪或什麼的：不完全是物體，你可以說它幾乎是飽和狀態。但是裡面又好像有什麼東西……它很小，有點圓，沒有確定的輪廓。你可以將它比擬成雲……它似乎在它自己的箱子裡……

當它離開我的身體時，似乎是比較大的一端先脫離，最後才是比較小的一端……感覺非常輕鬆。我的身體一點也不緊繃；那感覺和我完全無關。我的身體沒有重量……

整個經驗最震撼的地方，就是我的存有懸浮在我的頭部上方。它好像在決定去留。而時間彷彿靜止下來。整起車禍事件飛快地流動，但是在那個片刻，大概在事件的中間時刻，我的存有懸浮在我的上方，車子飛越護欄，似乎很久以後才掉到溝裡，而在那段時間裡，我和車子、車禍或我的身體沒什麼牽扯，只跟我的心靈在一起……

我的存有沒有物體的性質，但是我必須以物體的語詞去形容它。我可以用許多方式、許多字眼去描述它，但是都不夠貼切。那眞是個難以形容的東西。終於，車子墜落地面，翻了過去，但我只是扭傷了脖子，腳上有些瘀傷。

二、（當我脫離身體時，）眞的就像是走出身體到另一個東西裡。我應該不是什麼都不是。我在另一個身體裡……但不是一般的人體。它有點不同，不完全像是人體，也不是一大團物質。它有個形狀，但是沒有顏色。而且我知道我有所謂雙手的東西。

我無法形容它，只覺得身邊的一切都太奇妙了，我看到自己的身體以及其他一切，不過我沒有想到我在什麼樣的身體裡。而且一切發生得太快了。時間不是什麼眞正的元素，但是它又在那裡。你走出身體以後，事物似乎都變快了。

三、我記得我被推進手術房，接下來的幾個小時成了生死關頭。那一段時間，我不斷進出我的身體，而且可以從正上方看到它。但是當時我仍然在一個身體裡，那不是軀體，我最多只能說那是一種能量型態。如果一定要形容它，我會說它是透明的，一種和物質存有者相反的靈性存有者。但是它確實有各個部位。

四、當我的心臟停止跳動……我覺得像是顆圓球，甚至是一顆獵槍子彈，在那圓球裡，我眞的不知道該怎麼形容才好。

五、我脫離身體，從十碼外的地方看著它，但是我還在思考，就像在軀體裡一樣。而我思考的**地方**大概就一般人的高度。我不是在一具軀殼裡。我可以感覺到某種東西，像是一個膠囊，或是什麼清澈明淨的東西。我看得不是很清楚；它似乎有點透明，其實不是。我就在那裡頭，一種能量，有點像是小能量球。我沒有任何身體的感覺，不覺得有溫度之類的東西。

在他們的敘述裡，也有人約略提到原有的軀體和新的身體之間的輪廓相似性。有個婦人跟我說，當她走出身體時，「仍然感覺到一個完整的身體形式，有雙手雙腳，以及每個身體部位，即使我沒有重量。」一名婦人從天花板往下看，看到醫護人員對她的身體做心肺復甦術，她說：「我仍然在一具身體裡。我伸展身體往下看，動一動我的腳，注意到其中一隻比另一隻溫暖一些。」

有人回憶說，他的思考和動作一樣，在靈體狀態裡沒有任何阻礙。他們總是跟我說，一旦他們習慣了新的狀況，思考就比在原來的身體裡靈活敏捷得多。例如有個人跟我說，當他「死去」時：

> 現在聽起來不可能的事，當時都出現了。你的心智非常清晰，感覺很棒。我的心靈一下子就沉澱下來，滌除一切雜念。一陣子以後，我所經歷的一切事物都廓然明白。

在新的身體裡的知覺和原有身體的知覺有同有異。在某些方面，靈體形式的限制多了一些。如前所述，運動感覺不見了。在一、兩個例子裡，有些人說他們沒有溫度的感覺，雖然在大多數個案裡都有提到很愜意的「溫暖」感覺。在我的個案裡，沒有任何脫離身體的人提到嗅覺或味覺。

另一方面，在靈體裡，與肉體的視覺和聽覺對應的感覺則完整無缺，而且實際上似乎比肉體的感覺更加靈敏完美。有個男子說，當他「死去」的時候，他的視力難以置信地更加清楚，用他的話來說：「我不明白我爲什麼可以看到那麼遠的東西。」一個女子回憶其經驗時說：「這個靈體的感覺似乎沒有限制，好像我可以看到任何地方。」一名在車禍時脫離身體的女子，於訪談中非常生動地描述該現象：

當時發生了一大堆事情，人們圍著救護車。每當我看著某個人、好奇他在想什麼的時候，就像經由變焦鏡頭看他們一樣，而我也看到自己躺在那裡。但是部分的我（我叫它心靈）仍然在原處，在距離我的身體幾碼外的地方。當我想要從遠處看某個人，我的某個部分會像追蹤器一樣跑到那個人跟前。在那個時候，不管世界任何一個角落發生了什麼事，我似乎都可以去到那裡。

靈體狀態的「聽覺」顯然只是個類比的說法，大多數人說他們沒有眞正聽到說話聲或其他聲音。相反的，他們似乎只是感受到周遭人們的念頭，而這種心念的直接傳遞在死亡經驗接下來的階段裡扮演著重要的角色。

有個女士說：

——我看得到四周的人們，也明白他們在說什麼。我沒有眞正聽到他們在說話，就像我

——現在聽你說話一樣。我只是知道他們在想什麼，不過是在我心裡，而不是經由他們說出來的話語。他們一開口，我就知道他們要說什麼了。

從一個非常獨特而有趣的訪談看來，即使身體嚴重受損，對靈體也不會有什麼不利的影響。在該個案中，一名男子因爲車禍而失去一整隻腳，甚至被醫師宣告死亡。他知道事情的經過，因爲他從遠處清楚看見自己受傷的身體，而醫師正在替他急救。然而，當他脫離身體時，

——我可以感覺到我的身體，整個身體。我知道。我感覺到所有部分，感覺到整個我都在那裡，雖然其實不是。

在脫離身體的階段，一個人和其他人隔絕開來。他看得到其他人，完全明白他們的念頭，但是他們看不見也聽不到他。他和其他人的溝通都不得其門而入，尤其是觸覺，因爲他的靈體不是固態的。難怪處於該狀態一段時間以後，總會覺得孤單寂寞。有個男子說，他看得到周遭的一切，醫師、護士以及其他工作人員都在忙他

們的事。但是他沒辦法和他們交談，「我孤單極了。」

許多人都跟我提到當時襲向他們的強烈孤獨感。

我的經驗，我所經歷的一切，實在太美好了，但是我無法形容它。我希望別人也和我一起看看那些情景，我覺得我無法對別人描述我所看到的東西。我覺得很孤單，因爲我想要別人和我一起體驗它。但是我知道那裡不會有別人。那時候，我覺得置身在一個私人世界裡。眞的很落寞。

另一個人則說：

我無法觸摸任何東西，沒辦法和四周的人交談。那是個棒極了的孤獨感覺，一種完全隔離的感覺。我知道只有我一個人。

也有人說：

我太吃驚了。我無法相信它居然發生了。我不怎麼擔心說，「天啊，我死了，留下我父母親，他們一定很難過，我再也看不到他們了。」我完全沒有那樣的念頭。但是，那獨處的時刻讓我印象深刻，非常孤單，我就像是個外地來的訪客。所有關係都被切斷，宛如沒有愛或任何東西。一切都只是如此……技術性。我眞的不明白。

然而，當臨終者更加深入其死亡經驗時，這樣的孤寂感就會煙消雲散。因爲在某個時刻，其他人會來找他，在他的轉變歷程中幫助他。這些人可能是以其他靈魂的形式出現，經常是臨終者在生前就認識而後死去的親友。在我所訪談的無數例子裡，出現了一個性質迥異的靈性存有者。在以下幾節裡，我們要看一看這些相遇。

和別人相遇

許多人告訴我，在他們死去的某個時刻，或早或晚，他們會意識到其他靈魂出現在他們附近，顯然是要安撫他們走向死亡，在兩個個案裡則是對他們說，他們的大限已到，或者是他們命不該絕，要他們回到身體去。

我在生產時有過那種經驗。分娩過程非常困難，我大量失血。醫師放棄我，告訴我的親人說我要死了。然而，我在整個過程中都相當清醒，就在醫師宣告我不治的時候，我進入那個經驗，發覺所有人都在那裡，數量眾多，繞著房間的天花板盤旋。他們都是我生前認識的人，只是都比我早走。我認出我祖母和學校裡的一個女同學，以及許多親朋好友。我似乎只是看到他們的臉孔，感覺到他們在我左右。他們好像都很開心。那是個歡樂的場合，我感覺到他們是來保護我或引導我。我就像是回到家一樣，他們在那裡歡迎我或招呼我。當時我覺得一切都是那麼輕鬆美好。那是個美麗而愉快的時刻。

有個男子回憶說：

在我到鬼門關走一遭的幾個禮拜前，我的好友鮑伯死了。當我脫離身體時，我覺得鮑伯就站在我右邊。我可以在我心裡看到他，感覺到他在我身邊，但是那很怪異。

我沒看到他的身體。我看到某些東西，不是身體的形象，但是他的長相以及一切都很清晰。該怎麼說呢？他在那裡，但是沒有身體。它像是個清澈明淨的身體，我可以看到它的各部位，包括雙手雙腳，以及其他部分，可是我不是眞的看到什麼物體。當時我不覺有異，因爲我不需要用眼睛去看他。反正我也沒有眼睛。我一直問他：「鮑伯，我現在要去哪裡？怎麼回事？我死了沒有？」他沒有回答我，一句話也沒有。但是我在醫院的時候，他一直在那裡，我繼續問他：「我怎麼了？」他依然沒有回答。直到那天醫師說：「他沒事了。」鮑伯就離開了。我再也沒有看到他，也感覺不到他在我身邊。他似乎是在等我跨過最終的邊界，他才會告訴我一切細節。

在其他個案裡，人們遇到的靈魂並不是他們生前認識的人。有個婦人說她在脫離身體時，不只看到她自己透明的靈體，也看到另一個去世不久者的靈體。她不知道他是誰，但是她說了一句很耐人尋味的話：「我完全看不出來那個人、那個靈體的年紀。我甚至沒有任何時間的感覺。」

在極少數的例子裡，人們相信他們遇到了「守護天使」。一個這樣的靈體告訴某個男子說：「我已經幫助你走過這個生命階段，現在我要帶你到另一個階段去。」一個女生告訴我，當她走出身體時，她察覺到有其他兩個靈體也在場，他們自稱是她的「屬靈夥伴」。

在兩個非常類似的個案裡，他們聽到一個聲音跟他們說，他們還沒有死，要他們回去。其中一個人說：

我聽到一個聲音，不是男人的聲音，而是感官以外的聲音，它告訴我該怎麼辦，要我回到我的身體裡，而我也不覺得害怕。

最後，靈體可能沒有固定的形狀。

當我死去的時候，在那虛空裡，我和人們交談，但是我不能說他們是有形體的人。是的，我感覺到身邊有一些人，我可以感覺他們的存在，感覺到他們在走動，雖然我看不到任何人。有時候，我會和其中一人講話，但是看不到他們。每當我搞不清楚怎麼回事的時候，他們其中一個人總會給我一個念頭，告訴我不會有事的，我要

死了，但是很平安。所以，我一點都不擔心自己的狀況。我的每個問題總會得到答案。他們不會讓我的心靈空虛。

光的存有者

在我研究的眾多訪談裡，最不可思議的共同元素，當然也是對個體影響最深的元素，就是遇到一道非常亮的光。一般來說，那道光剛出現的時候很微弱，沒多久就愈來愈亮，變成不可思議的光輝。然而，即使它亮得難以言喻（他們總是說它是白色的，或者只能用「明亮」來形容），許多人都特別指出一點，也就是它並不刺眼，也不會炫目，更不會讓他們因此看不到四周的東西（或許是因爲他們沒有「眼睛」，也就無所謂目眩了）。

然而，儘管那道光的顯現如此不尋常，沒有人懷疑那是個存有者，一個光的存有者。不只如此，它更是一個位格（personal）的存有者。它有其特定的位格。[2]

2 譯注：「精神性的個體稱為位格（person），因此位格是具精神性及不能為別的個體所共有的特質之個別存有者。」（布魯格《西洋哲學辭典》）

該存有者灑在臨終者身上的愛和溫暖非言語所能形容，臨終者覺得完全在它的懷裡，沉醉其中，完全放鬆，接受該存有者的臨在。他感覺到那道光無法抗拒的磁力，不由自主地朝著它走去。

有趣的是，儘管他們對於光的存有者的說法如出一轍，有關那個存有者的身分卻是人言言殊，而且似乎是依其宗教背景、個人教育和信仰而異。於是有基督教信仰或接受基督教教育的人們，總是認爲那道光是基督，有時候還會引用聖經的譬喻來支持他們的詮釋。猶太教徒會認爲那道光是個「天使」。儘管如此，兩類的受訪者顯然都沒有提到那個存有者有雙翼、彈豎琴，或是具有人類的身材或相貌。他們只看到光。倒是他們都認爲那個存有者是個使者或嚮導。一個在生前沒有任何宗教信仰或教育的人，認爲他只是看到「一個光體」。一個信仰基督教的婦人也用同樣的描述詞，她顯然不覺得非得要說那道光是「基督」不可。

那道光出現不久以後，它開始和臨終者交談。值得注意的是，他們的交談方式正如先前所述的靈體一樣，是直接「感受到周遭人們的念頭」。因爲他們同樣說自己其實沒有聽到任何來自那道光的聲音，也沒有以話語回應它。相反的，他們是以直接而沒有任何障礙的思想傳遞在交談，而且顯然對那存有者不會有誤解，也不可能對它說謊。

再者，如此自在無礙的交談甚至不是以人類自己的母語。但是他完全了解，當下就明白它的意思。不過當他甦醒以後，沒辦法將他在瀕死時的念頭和交談翻譯成現在所使用的語言。

在該經驗的下一個階段裡，就會看到要將那無言的語言翻譯出來有多麼困難。光的存有者猶如靈光乍現般，讓人們直接感知到某個想法。我的受訪者一般都會將那些想法轉換成疑問句。我聽到的若干翻譯有：「你準備好接受死亡了嗎？」「你準備好要死了嗎？」「你一生的所作所爲，有什麼可以跟我說的？」「你一生的所作所爲是否已經足夠了？」前面兩個問題強調的是「準備」，而後面兩個問題則是在於「成就」，兩者乍看之下似乎意思很不一樣。不過我始終覺得他們在說同一件事。有個婦人的說法證實了我的觀點：

他劈頭就問我說，我是否準備好死去了，或是我一生的所作所爲，有什麼可以告訴他的。

其次，即使在「問題」比較不尋常的例子裡，經由解釋以後，其實意思也很接近。例如說，有個男子表示，當他「死去」的時候，

那個聲音問我一個問題：「那值得嗎？」如今我在想，它的意思應該是說，我至今的一生對我而言是否有意義。

順便一提，他們都堅持說，儘管那些問題對他們情緒的震撼極爲深刻，卻不是在責備他們。他們都認爲那個存有者問他們問題，並不是在指控或是威脅他們，因爲他們仍然感受到來自那道光的愛和接受，無論他們的回答是什麼。相反的，那些問題似乎是要他們反省自己的一生，將它描繪出來。你可以說那是一個蘇格拉底式的問題，並不是要得到什麼回答，而是要讓回答的人自己去找到眞理的道路。我們來看看幾則關於這個奇妙的存有者的第一手報導：

一、我聽到醫師說我死了，我覺得自己開始翻轉，有點像是飄浮了起來，穿過那有點與世隔絕的黑暗空間。我不知道怎麼形容它。四周一片漆黑闃寂，除了前

方，我看到光。那道光非常非常燦爛奪目，不過起初沒有那麼亮。我走近它時，它才漸漸變亮。

我想要走到光的那頭，因爲我覺得那是基督，試著要走向祂。它不是個恐懼的經驗，多少還算很開心的事。因爲我是個基督徒，當下覺得那道光就是基督，它對我說：「我是世界的光。」我跟自己說：「如果它是的話，如果我死了的話，那麼我知道誰會在光的那頭等我。」

二、

我起來走到大廳去找水喝，後來他們說，我當時急性盲腸炎發作，非常虛弱，倒在地上。我感覺自己在飄浮，我的眞實存有在我的身體裡進進出出，我聽到美好的音樂。我沿著大廳飄到外頭有紗窗的露台，一團像雲又像是粉紅色的霧籠罩了我，我宛若無物一般地直接穿過紗窗，飄到那純淨、清澈而明亮的光裡，耀眼的白光。它是如此美好而皎潔，燦爛奪目卻不刺眼。那不是任何你可以形容的光。我其實不覺得那光是個人，但是它的身分一定很特別。一道充滿著體諒和愛的光。

有個念頭在我心裡浮現：「你愛我嗎？」那不算是個問題，但是我想它的意思是：「如果你眞的愛我，那就回去完成你生命的初衷吧。」在那個片刻，我覺得被滿滿的愛和憐憫緊緊擁抱著。

三、我知道我快要死了，我無法做些什麼，因爲沒有人聽得到我……無疑的，我脫離了我的身體，因爲我看到自己的身體躺在手術檯上。我的靈魂出竅了！起初我覺得很難過，但是沒多久那道光就來了。一開始它顯得有點昏暗，接著大放光明。那光眞的太強了，不像閃電那樣的光線，但是眞的太亮了，而且散發熱度，我覺得很溫暖。

那是黃白色的光，偏白色一點。實在亮極了，我無法形容。它彷彿覆蓋萬物，卻不致於讓我看不到四周的事物，手術房、醫師和護士，以及所有東西。我看得很清楚，不覺得目眩。

起初，當那道光臨到時，我不確定是怎麼回事，然後它問我是否準備好死去。有點像是跟一個不在場的人在說話。跟我說話的是光，但是以一種**聲音**。現在，我想跟我說話的那個聲音明白我沒有準備好要死。你知道的，那是對我的考驗。但是從光對我說話的那一刻起，我覺得通體舒暢，平安且被愛擁抱。

來自它的愛不可思議而難以言喻。它會是相處起來很有趣的人！而且它有幽默感，眞的！

回顧一生

光的存有者的初次顯現，以及它透過思想傳遞所探問的問題，只是一個讓人震撼的片刻的前奏，在那個片刻裡，那光讓人像跑馬燈似的回顧自己的一生。光的存有者顯然可以展現一個人的一生，也不需要任何回答。它唯一的目的，只是要人們去回想。

我們只能用「回憶」去形容這個回顧，因爲那是最接近的現象了，但是它和平常的回憶又大異其趣。首先，它非常快速。如果我們用時間的觀點去形容那樣的回憶，會說它是以時間順序一幕接一幕地飛快閃過。也有人完全沒有意識到時間順序。他們的所有記憶在瞬間一起湧現，而且他們也能夠在心靈的一瞥當中體會到一切。無論他們的說法是什麼，他們都一致指出，那個經驗在彈指間就結束了。

然而，儘管它迅雷不及掩耳，受訪者總是將那些回憶形容成一幕幕的視覺影像，難以置信地鮮明眞實。在某些個案裡，他們說那些影像色彩鮮豔、有三度空間感，甚至有動作。即使它們飛快閃過，他們都能夠如實地感知和辨識每個影像。在觀看它們的時候，甚至可以重新體會到伴隨著那些影像的情緒和感覺。

若干受訪者表示，儘管說不上來爲什麼，他們一輩子做過的事都在那樣的回顧裡一覽無遺，從最瑣碎的事到最重要的事。也有人說他們看到的主要是生命中的精采片段。也有人跟我說，在那回顧經驗之後的一段時間，他們仍然可以鉅細靡遺地回想起生活裡的事件。

有人說那是光的存有者要給他們的啓示。光的存有者讓他們看了影像的呈現，似乎是要強調生命裡兩件重要的事：學習去愛別人，以及求知欲。我們來看看一則相當具有代表性的說法：

當光出現時，他劈頭就問我說：「妳一生的所作所爲，有什麼可以告訴我的嗎？」或是諸如此類的話。接著我就開始回首從前。我心想：「天啊，這是怎麼回事？」因爲我突然間回到童年。如是，我從童年開始，走過生命中的每一年，一直到現在的我。

那種感覺眞的很怪，我看到自己是個小女孩，在家裡附近的小溪玩耍，另外還有當時的其他景象，我和我姊姊的一些經驗、關於鄰居的三兩事，以及我去過的一些地方。接著我就在幼稚園裡，我記得我非常喜歡的一個玩具被我弄壞了，當時我哭了好久。那是很傷心的經驗。生活影像繼續往前走，我想起我在當女童子軍的時候去露營，也想起在小學的許多事。接著我就在初中，那時候我被資優生社團選中，那是很光榮的事，我想起我被選中的那個時刻。然後我上了高中，畢業，大學一年級。

那些事物根據我生命的順序一一重現，歷歷如繪。你彷彿走到外頭看到那些景象，完全三度空間，而且色彩鮮豔。它們甚至會動。例如說，當我看到自己弄壞玩具時，我可以看到所有動作。那不像是從我當時的角度去看整件事，我看到的小女孩像是電影裡的某個人，是在操場上遊戲的眾多孩子當中的一個小女孩。不過那是我，我看到我自己做了那些事，而且我知道眞的是我做的，因爲我記得它們。

在回首從前時，我並沒有看到光。他問我說我做了些什麼以後就消失了，接著便開始倒敘，但是我知道他一直陪著我，他引領我回首從前，因爲我感覺到他在我身邊，也因爲他偶爾會給我一些評論，在每個記憶重現時告訴我一些什麼。他並不是要看看我做了什麼，他早就了然於胸，但是他挑選我生命裡的某些記憶，呈現在我面前，好讓我回想它們。

而他自始至終都強調愛的重要。尤其是我姊姊；我和我姊姊感情很好。他讓我看到我對姊姊有多麼自私，也讓我看到我對她的愛，看到我如何和她分享。他讓我明白，我必須盡心盡性爲他人奉獻。但是那並不是在指控我。當他讓我看到我的自私時，他只是要我有所體悟。

他似乎對知識也很有興趣。他一直提到和學習有關的事，要我不斷學習，他跟我說，當他回來找我（他已經對我說我要回去），也會是爲了知識的追求。他說那是恆久的歷程，他讓我覺得在死後仍然要繼續追求。我想他讓那些記憶重現，也是要給我某些啓示。

整件事感覺眞的很怪。我在那裡；我眞的看到那些記憶的重現；我眞的走過那些記憶，速度飛快。但是它又慢到我可以完全體會到它。然而，我不相信時間有那麼久。就只是那光出現，接著我走過那些記憶，然後那光又回來。似乎不到五分鐘，或許只有三十幾秒，我說不上來。

我唯一感到害怕的，是擔心無法完成這輩子要做的事。但是我很開心能夠回顧我的一生。那很好玩。我很高興能夠回到童年，幾乎就像是重新活過一次。那有點像是回到過去審視它，而在一般情況下你是不可能做得到的。

有一點必須指出的是，即使光的存有者沒有出現，也會有回顧的經驗。一般來說，在有光出現「指引」的經驗裡，那樣的回顧會更加震撼。然而，無論光的存有者是否出現，無論是不是真的「死了」，或者只是和死神擦身而過，那回憶總是鮮明生動、往來翕忽而絲毫不差。

一聲巨響以後，走過漫長而黑暗的地方，我的童年回憶，我的整個生命，就在隧道的盡頭，在我面前一閃而過。那不完全是影像，我想比較像是念頭。我說不上來那是什麼，但是它就在那裡。一時全部湧現，我的意思是，它不是一幕接著一幕，淡入淡出，而是所有事物同時出現。我想到我母親，還有我曾經犯的錯。我想到小時候的調皮搗蛋，想到我父母親，我希望我沒有做過那些事，我希望可以回去補償他們。

在以下兩個例子裡，儘管他們並未在臨床上被判定死亡，卻有生理上的壓力或傷害。

整個情況發展得非常快。我有點發燒，病了兩個禮拜，但是這個晚上我的病情突然惡化。我躺在床上，我記得我試著叫我太太，想要告訴她我病得很重，但是我動彈不得。除此之外，我好像置身於一個完全黑暗的空虛裡，我的整個生命在我面前一閃而過。我從六、七歲時開始回顧，想起一個很要好的小學同學。我從小學開始回想到高中、大學、牙醫學院，一直到執業當牙科醫師。

我知道自己的大限到了，我記得當時心裡一直惦記著怎麼替家人作準備。我心煩意亂，因爲我快要死了，但是我這輩子做了一些讓我後悔的事，也有些事我後悔沒有去做。

那些記憶的重現是在心裡的影像，但是比一般的回憶要清晰生動得多。我只看到重要的片段，它如風馳電掣一般，我在幾秒鐘裡就回顧了整個人生。它猶如非常快速的電影一般在我面前轉瞬閃過，但我看得很清楚，也都明白那是什麼意思。不過我的情緒並沒有隨著那些影像回到從前，因爲時間太匆促了。

在那個經驗裡，我並沒有看到什麼別的東西。除了我看到的影像，剩下就是一片漆黑。但是我始終覺得有個強大而充滿愛的存有者，一路陪伴著我。那眞的很有意思。當我康復以後，我可以跟每個人細說生命的每個部分，因爲我曾經走過一回。那眞是奇妙而難以言喻的經驗，因爲它來得太快了，卻又歷歷如繪。

有個年輕的退伍軍人如此描述他的回顧：

我在越南服役時因傷「陣亡」，但是走過一遭以後，我知道那是怎麼回事。我在六次機槍交火下中彈，但是我一點也不沮喪。當我受傷時，反而覺得鬆了一口氣。我覺得輕鬆自在，一點也不可怕。

中彈時，我的生命成了眼前的一個影像，我似乎可以回到童年時光，那些影像整個走過我的一生。

我記得每一件事；一切顯得如此鮮明生動。在我面前都無纖翳。從我最早的記憶一直到現在，所有事物就在一彈指間閃現。那並不是什麼不好的事；在走過從前的時候，我不覺得有什麼遺憾，也沒有因此看低我自己。

我只能將它比喻成一系列的幻燈片。就像是有人在我面前飛快地播放幻燈片。

最後我要提一個有強烈情緒反應的個案，儘管案主沒有受什麼傷，卻到鬼門關前走了一遭：

大一暑假，我找到一個開聯結車的工作。那個夏天，我因爲開車睡著而闖了禍。一大早，我開長途車而打瞌睡。我最後記得的東西就只有紅綠燈，接著就睡著了，然後我聽到可怕的磨擦聲，右方外側輪胎爆胎，因爲重量和卡車的傾斜，左方輪胎也爆胎，卡車側翻，滑到馬路外，衝向一座橋。我嚇壞了，因爲我知道怎麼回事。我知道卡車要撞上橋了。

就在卡車打滑的那一刻，我的腦海浮現了一生做過的所有事情。我只看到某些重要片段，但是歷歷在目。我第一個想到的是跟著父親在海灘上散步；那時候我才兩歲大。童年的其他事也依序浮現，我記得我五歲的時候弄壞了新的紅色小汽車，那是我的耶誕禮物。我記得第一天上小學時穿著媽媽買給我的黃色雨衣，一路上哭個不停。我記得每一個老師，以及每個年級的某些小事。接著我上初中，當報僮，在雜貨店工作，一直到大二開學前。

一切在我眼前飛快掠過。或許不到半秒鐘。接著就戛然而止，我站在卡車旁邊觀看，我想我死了，我以爲我是個天使。我捏自己一下，看看我是不是還活著，或者是鬼魂什麼的。

卡車完全扭曲變形，但是我一點傷痕也沒有。不知怎的，我彈出前面的擋風玻璃，因爲所有玻璃都破掉了。當四周趨於平靜，我很納悶爲什麼生命裡發生的那些事，在我腦海裡留下難以抹去的印象，並在生死關頭紛至沓來。現在，我仍然記得所有那些事情，以及每一個畫面，但是那至少要花掉我十五分鐘的時間去想。但是當時在不到一秒鐘的時間裡，它們一股腦地自動湧現。眞是太神奇了。

邊界或界線

在若干個案裡，有人對我說，在他們的瀕死經驗中，他們似乎臨到某種所謂的邊界或界線。在各種說法裡，這樣的邊界或界線被形容成大海、一團灰霧、一扇門、橫亙田野的籬笆，或者只是一條線。儘管聽起來虛無縹緲，但是我們可以問，在眾多說法當中，或許有一個基本的觀念或想法作爲其基礎。若是如此，那麼各種不同的版本，只是每個人對於那個根本經驗的不同詮釋、措詞和回憶。我們來看看以邊界或界線的觀念爲主要場景的若干說法：

一、我是「死於」心臟痲痺，突然間，我置身於綿延起伏的草原上，非常美麗，一切顯得蔥蘢翠綠，那是人間沒有的顏色。我四周都是光，美好而昂揚振奮的光。我往前看，在草原的那頭，我看到籬笆。我向它走去，看到一個人在籬笆的那頭，朝著我走來。我想要走向他，但是覺得身體被往後拉，我無法抗拒。我看到他轉身朝著另一個方向走去，離籬笆愈來愈遠。

二、我在生老大時有了那種經驗。懷孕大約八個月，醫師說我有妊娠毒血症，建議我住院，必要時強迫引產。我在產後立即大出血，醫師控制不住。我是護士，我知道自己很危險。就在那時候，我喪失意識，聽到很嘈雜的嗡嗡聲或是鈴聲。接著我彷彿在一艘船或是小艇上，航向大海的另一端。在遙遠的岸上，我看到所有已經去世的親人，我母親、父親、姊姊，以及其他人。我看得到他們，看得到他們的臉孔，就像他們在人間的樣子。他們好像在招手要我到他們那裡，而我一直喃喃說：「不行，不行，我還沒有準備好加入你們。我不想死。我沒有準備好要走。」

那眞是個奇怪的經驗，因爲我也看到醫師和護士在替我的身體做急救，我就像個觀眾一樣，而不是他們急救的那個人，那個軀體。我很想告訴醫師說「我不要死」，但是沒有人聽得到我。一切事物，醫師、護士、產房、船隻、大海，以及遠方的海岸，都混合在一起，好像一個場景堆疊在另一個場景上面。小船終於接近海岸，但是當它就要靠岸時，卻轉彎返航。醫師終於聽得到我說話了，我對他說：「我不要死。」我想我就是在這個時候醒來的，醫師對我解釋發生了什麼事，說我產後大出血，他們差點失去了我，但是我會好轉的。

三、我因爲腎衰竭而住院，昏迷了將近一個禮拜。醫師完全不確定我會不會活下去。當時我處於無意識狀態，感覺一直被往上抬，好像我沒有軀殼似的。我看到燦爛的白光，耀眼奪目，但是在那光裡我覺得如此安詳而美好，是人間絕無僅有的經驗。涵泳在光裡頭，我心裡浮現一個念頭或一句話：「你想要死嗎？」而我回答説我不知道，因爲我對死亡一無所知。於是那白光説：「跨過這條線，你就會知道。」雖然我看不到什麼線，但是我知道它就在我前面。當我跨過那條線時，感覺美妙無比，那是平安、寧靜、所有煩惱都消失無蹤的感覺。

四、我的心臟病發作，然後我發現自己置身於黑暗的虛空裡，我知道我已經脱離了我的身體。我知道我命不久矣，心想：「神啊，我一生盡性知命，請幫助我吧。」當下我就離開了那個黑暗虛空，穿過灰濛濛的光線，繼續往前飛快地飄浮，而在我前面的遠方，我看到一團灰霧，我正朝著它飛去。我一直覺得還不夠快，當我靠近它時，我可以看透它。在霧的後面，我看到一些人，他們的形象就像他們在人間時那樣，我也看到像是建築物的東西。整個東西都籠罩在璀璨絢麗的光裡，鮮豔的金黃色光芒，顏色很淡，不像是人間那種刺眼的金黃色。

我再靠近一點，知道自己就要穿過那團霧。那眞是個美妙而喜樂的感覺，沒有任何人類語言可以形容。然而，我穿過那團霧的時候還沒有到，因爲在那瞬間，另一頭出現了我的舅舅卡爾，他已經去世多年。他擋住我的路，對我說：「回去吧。妳在人間的工作還沒有完成。現在就回去。」我不想回去，但是我別無選擇，我一下子就回到我的身體，胸口痛得要命，還聽到我的小兒子在哭：「神啊，請把我媽媽還給我。」

五、我因爲重症被送到醫院，他們說是「發炎」，醫師說我可能撐不過去。他要我的親人都到醫院來，因爲我將不久於人世。他們都來了，圍在我的病床，當醫師以爲我要死了的時候，我的親人們彷彿離我愈來愈遠。看起來像是他們往回走，而不是我離開他們。四周漸漸昏暗，但我還是看得到他們。我喪失意識，似乎不知道病房裡發生了什麼事。我置身於一個楔形的狹窄走道，像一條排水溝，只有這張椅子那麼寬，僅可容身，我的兩條手臂都縮起來。我探身往前走，四周一片漆黑，伸手不見五指。我繼續往前走，漸次往下，接著我抬頭望，看到一扇美麗而優雅的門，但是沒有門把。透過門縫，我看到非常亮的光，光芒四射，宛若在裡頭的每個人都歡喜無比地轉圈圈。人們在那裡頭似乎忙得不可開交。我抬頭說：「主啊，我來了。如果你要我，就提走我吧。」天啊，祂一下子就把我送回來，快得我幾乎喘不過氣來。

回程

我所訪談的人顯然都必須從其死亡經驗的某個時刻「回來」。這時候他們的態度經常會有相當耐人尋味的變化。在死後沒多久，最常見的反應是急著要回到身體裡，並且對自己的死亡懊悔不已。然而，一旦死者沉浸在該經驗裡，他就不再想要回來了，甚至可能拒絕回到他的身體裡。有個人信誓旦旦地說：「我**絕**不要離開那個存有者的身邊。」

即使有些例外，也只是表面的，而不是眞實的情況。有若干經歷過死亡經驗的婦女，她們的孩子都還很小，她們告訴我，儘管對**她們自己**而言，寧可留在那樣的經驗裡，但是她們覺得有義務回來撫養孩子長大。

我猶豫是否要留下來，但是當下我想到了我的家人，我的三個孩子，以及我先生。那是最難跨過去的地方：在那光的跟前，我覺得非常美好，眞的不想回到人間。但是我的責任感很強，我知道我必須對家人負責。於是我決定回來。

在其他一些個案裡，儘管他們在脫離身體的狀態裡覺得安穩自在，甚至很享受那樣的經驗，但是能夠回到身體裡，他們仍然很高興，因爲他們有些重要的事還沒做。有些人則是因爲想要完成學業。

我就要升大四，再一年就畢業了。我一直有個念頭：「我不想現在就死去。」但是我覺得如果我多待幾分鐘，如果我在光裡多待一會兒，我就再也不會想到我的學業了，我會完全沉浸在那個經驗裡。

當人們談到他們回到身體的方式，以及爲什麼會回來，說法非常不同。大多數人只是說他們不知道怎麼回事，也不知道爲什麼會回來，或者他們只是以一己之見去揣測。有些人確實感覺到，他們想要回到身體裡以及回到人間生活的決定，是主要的因素。

我走出了身體，我知道我必須作決定。我很清楚我不能離開身體很久，唉，其他人眞的很難了解，但是我心裡很明白，我知道我必須決定繼續往前走，或是回到身體裡。

在那一頭的感覺美妙極了，我有點想留下來。但是我知道我在人間仍然有些重要的事要做，那感覺一樣很美好。於是我心想：「是的，我要回去，繼續活著。」接著我就回到身體裡，好像替自己止血一樣。無論如何，自此以後，我就漸漸痊癒了。

也有人覺得其實是「上帝」或是光的存有者**准許**他們活下去的，無論是回應他們想要活下去的要求（一般來說都是無私的要求），或者是上帝或那個存有者顯然有些任務要他們去執行。

我就在手術檯上方，看得到他們所做的每一件事。我知道我要死了，時候到了。但是我很掛念我的孩子們，擔心誰要照顧他們。於是，我不準備要走。天主也准許我繼續活下去。

有個男子回憶說：

我敢說上帝一定對我很好，因爲我死了，而祂讓醫師把我救回來，爲了一個目的。我想那個目的就是幫助我太太，因爲她有酒癮，我知道她沒有我就戒不了。她現在好多了，我想應該和我大難不死有關。

有個年輕媽媽覺得：

天主讓我回來，但是我不知道爲什麼。我眞的感覺到祂在那裡，我知道祂認識我，祂知道我是誰。然而，祂覺得我還不到上天堂的時候，但是爲什麼？我不知道。我左思右想，我相信要不是因爲我有兩個小孩得撫養，就是因爲我自己還沒有準備好。我還在找答案，就是搞不清楚爲什麼。

在某些例子裡，人們會覺得別人的愛或禱告，才是將他們從死亡那裡拉回來的原因，無論他們自己願不願意。

> 我伯母病危前，我一直陪著她，照顧她，家裡每個人都爲她禱告，希望她早日康復。她有好幾次呼吸停止，但是他們把她救回來。最後，有一天她望著我說：「瓊安，我去過那裡了，另一個世界，那裡非常美。我想要留在那裡。可是你們一直爲我禱告，要我活下去，我就沒辦法待在那裡。請別再爲我禱告了。」於是我們都不再禱告，沒多久她就去世了。

一個婦人跟我說：

> 醫師說我已經走了，但是我居然又活過來。而那是非常愉快的經驗，一點也不可怕。當我回來的時候，我睜開眼睛，我的姊姊和我先生正看著我。知道我終於活過來了，他們鬆了一口氣，淚流滿頰。我感覺是被我姊姊和先生的愛給叫回來的，或是被吸回來的。自此以後，我就相信別人有辦法把你拉回來。

在不少的例子裡，人們回憶說，他們在瞬間被拉回來，穿過一開始走過的黑暗隧道。例如說，有個「死去」的人提到他如何被往前推，穿過一座黑暗的山谷。他覺得自己就要到了隧道的盡頭，但是就在那個時刻，他聽到後面有人在叫他的名字。接著他就順著來時路被往回拉。

有些人經驗到自己如何重新進入身體。大多數人說，他們最後的經驗就是「睡著」或是喪失意識，醒來就發現已經在自己的身體裡。

> 我不記得是怎麼回到我的身體。我只是漸漸離去，昏昏欲睡，驀地醒來，我就躺在床上。病房裡的人們看起來並無不同，跟我脫離身體時看到的沒兩樣。

另一方面，也有人回憶說，在經驗末了，他們被猛力一拉，瞬間就回到自己的身體裡。

> 我從天花板的高度看著他們替我急救。當他們將電擊器按在我胸口時，我的身體彈了起來，然後我就掉回到我的身體裡，像個沉重的物體一樣。接著我只知道我回到身體裡了。

也有人說：

我決定要回來，心意一定，宛如一記重拳，我就被打回到身體裡，在那瞬間，我覺得自己活過來了。

在極少數的說法裡，他們細述如何「穿過頭部」重新進入身體。

我的「存有」似乎有一頭比較小，一頭比較大，在意外事件結束時，它懸浮在我的頭上一陣子以後，回到我的身體裡。當它離開我的身體時，好像是比較大的那一頭先離開，但是在回來時，則是比較小的那一頭先進入身體。

有個人回想說：

我看到他們找到我的身體，從空轉的輪子下面抬出來，突然間，唰的一聲，我被什麼東西拉著穿過一個密閉空間，有點像煙囪。裡頭一片漆黑，我飛快穿過它，一下子就回到身體裡。我被吸回來的時候，似乎是從頭部被吸進去的，好像是我穿過自己的頭部。我從來沒有聽過這種事，也沒有想過會是這樣。我在距離自己身體幾碼外的地方，突然間就結束了。我甚至沒時間想「我要被吸回自己的身體了」。

一般來說，即使度過了危險期，伴隨著那個經驗的情緒或感覺仍然會縈繞一陣子。

一、我回來以後，斷斷續續地哭了一個禮拜，因爲在我看到它以後，卻得在這世界繼續活下去。我不想回來。

二、我回來時也帶回了在那裡的某些美好感覺。它們持續了好幾天。直到現在，我偶爾都還會感覺到它們。

三、那種感覺眞是難以形容。不知怎的，它一直跟著我。我始終忘不了。我仍然經常想起那種感覺。

告訴別人

在此必須強調一點，有過這類經驗的人們，都不曾懷疑其眞實性和重要性。在我的訪談裡總會穿插著諸如此類的說法：

當我離開我的身體時，眞的是嚇呆了。我搞不清楚怎麼回事。但那是千眞萬確的。我清楚看到我的身體，而且是從很遠的地方。我沒有想過要遇到那種事或是虛構出那種場景。那不是我憑空杜撰的。我可沒有那種心情。

或者是說：

那完全不像是幻覺。我以前有過一次幻覺，當時是在醫院裡服用可待因（codeine）。但那是在車禍發生很久以前的事，而且眞的很要命。而這次的經驗完全不像是幻覺，一點也不像。

說這些話的人們，都相當清楚現實和夢及幻想的區別。我所訪談的人們，個性都相當務實且頭腦清楚。但是他們在談到那些經驗時，並不認爲那是個夢，而是眞正臨到他們頭上的眞實事件。

儘管他們很確定發生在自己身上的事件的眞實性和重要性，他們也明白，我們現在的社會環境不會給與諸如此類的說法任何同情或理解。的確，許多人說，他們心裡很明白，只要對別人提到他們的經驗，別人就會以爲他們大概腦筋有問題。因此他們多半絕口不提，或者只會對至親好友談及自己的經驗。

一那個經驗非常有趣。只不過我不想跟別人講。人們多半會把你當瘋子看。

另一個人則回憶說：

我很久很久都沒有對別人提及此事。我就是不想說。我覺得很難爲情，因爲我害怕別人以爲我在瞎說，他們會說：「哎呀，那都是你自己虛構出來的東西吧。」有一天我決定了：「好吧，來看看我的家人作何感想。」於是我告訴他們，而直到現在，除了他們，我沒有對別人提起過。但是我想我的家人明白我眞的去過那麼遠的地方。

也有些人一開始試著告訴別人，但是沒有人理會，於是他們決定三緘其口。

一、我只有對我母親提起那件事。我一醒來就跟她說我的感覺。但是那時候我只是個小男孩，她沒有注意聽我說。於是我就再也不跟任何人說了。

二、我試著跟我的本堂神父講，但是他說我有幻覺，所以我閉嘴了。

三、我在初中和高中時很受歡迎，跟大夥兒混得很熟。但我只是個跟班的，不是什麼頭頭。那件事臨到我身上後，我試著跟別人講，但我想他們都當我瘋了。我想要跟別人說，他們可能會聽得津津有味，但後來我會聽到他們說：「她眞的瘋了。」當我看到自己成了笑話，就閉嘴不再多談。我一直無法揮去一個念頭：「天啊，我居然遇到這種怪事。」我的意思是說，生活裡值得我們去注意的事比我所想到的要多得多，對他們而言也是如此。

四、我醒來時，很想要告訴護士我發生了什麼事，但是她們要我別提了，於是我只能一個人空想。

有個人說：

你很快就明白，人們沒有你所想的那麼容易接受這種事。那並不是可以跳上肥皀箱放言高論的東西。

有趣的是，在我研究的個案裡，只有一個個案當中的醫師聽說過瀕死經驗並且表示同情。有個經歷了脫離身體的經驗的女孩對我說：

我的家人和我問醫師，我到底發生了什麼事，他說當一個人在極度痛苦或是重傷時，靈魂脫離肉體是常有的事。

當一個人要跟別人討論他的瀕死經驗時，面對的是人們的懷疑眼光和不解，難怪幾乎每個有此經驗的人都覺得自己是唯一的個案，沒有人有過和他一樣的經驗。好比有個男子跟我說：「我到過某個沒有人去過的地方。」

剛開始聽某個人細說他自己的經驗時，我經常會告訴他，其他人也曾經談到一模一樣的事件和認知，這時他會表現出如釋重負的感覺。

知道別人也有相同的經驗，是很有意思的事，因爲我一直不明白……當我聽說有人也走過同樣的路，我眞的很開心。現在我知道自己沒有發瘋。它對我一直是再眞實不過的事，但是我從來不跟任何人說，因爲害怕他們會望著我心想：「你的心跳停了，腦袋也跟著壞掉！」

我想別人應該也會有一樣的經驗，但是我大概不會遇到他們，因爲我想他們也都不想講。如果眞的有人跟我提到他們的經驗，而我自己不曾經歷過的話，我大概也會望著他們，懷疑他們是不是在作弄我，因爲我們的社會就是這樣想的。

某些人對於他們的經驗三緘其口，還有另一個原因。他們覺得那個經驗實在難以言喻，不是人類語言以及人類的知覺和存在模式所能及的，因此多說無益。

對生活的影響

基於上述的理由，在我的經驗裡，還沒有人會替自己準備一個隨身的講經台，到處宣講他們的經驗。沒有人願意去傳教，去說服別人相信他們的經驗是眞實的。的確，我發現困難剛好相反：他們很自然地不願意告訴別人發生在他們身上的事。

至於那些經驗對他們生活的影響，則顯得更難以察覺、更沉默。許多人跟我說，那樣的經驗讓他們的生活更開闊也更深刻，他們因此更加反躬自省，也更加關心終極的哲學問題。

在我負笈他鄉去上大學以前，我是在一個小鎭長大的，我所往來的人們莫不識見淺陋。我是典型的高中社團裡的小混混。除非你屬於我的團體，否則你就不是我們的人。

但是在我遇到那件事以後，我想要知道更多的事。當時我以爲沒有人知道，因爲我不曾離開這個狹窄世界。我對心理學之類的東西一無所知。我只知道，在那件事以後，我在一夕間長大了，因爲它替我開啓了一個全新的世界，我從來不知道有那樣的世界。我不斷地想：「我有太多事要去發掘。」換句話說，生活絕對不只是禮拜五晚場電影和美式足球賽。有太多事情是我不知道的。於是我開始想：「人類和心靈的界限是什麼？」它就這樣替我開啓了一個全新的世界。

另一個人則說：

從那時起，我始終在想我一輩子做了些什麼，接下來要做什麼。我很滿意以前的生活。我不覺得世界欠我什麼，因爲我想做的每一件事都如願以償，而且我還活著，可以做更多的事。但是自從我突然間死去，在那些經驗以後，我開始懷疑我所做的事到底是好事，或只是對我自己有好處的事。以前我總是率性而爲，但是現在我會三思而後行。每一件事都得先經過我的心靈消化一下。

我希望做一些更有意義的事，讓我的心靈和靈魂感覺好一些。我也試著不要心存偏見，不要論斷別人。我想要做一些好事，而不是對我有好處的事。我對世事的理解也更加深刻。我會有此感覺，是因爲我遭遇到的事，因爲我去過的地方，因爲我在那個經驗裡看到的東西。

有人說，當他們回到人間，對於肉體生命的態度和想法有了改變。例如有個婦女直截了當地說：「它讓我覺得生命更珍貴。」

另一個人也提到：

> 我應該是因禍得福，因為在我心臟病發作以前，我忙著規畫孩子們的未來，擔心昨天的事，卻錯失了當下的快樂。現在我的態度完全不同了。

有些人說那些經歷改變了他們對於心靈的看法，以及身體相對於心靈的重要性。一個曾經在瀕死經驗裡脫離身體的女生，對此有一段非常好的說明：

> 在那個當下，我注意的是我的心靈而不是肉體。心靈才是最重要的部分，而不是身體的外形。之前，我一輩子都抱持剛好相反的態度。我只在意身體，至於我的心靈在做什麼，呃，就是那樣子嘛。但是有此經驗以後，我的心靈成了我關注的焦點，身體則成了次要的東西，它只是我的心靈的軀殼。我不在意有沒有身體，因為我的心靈才是最重要的。

在極少數的個案裡，他們跟我說，經歷那樣的經驗以後，他們似乎習得或注意到某些有點像靈媒的直覺能力。

一、在那經驗以後，好像有新的靈灌注在我裡頭。自此以後，許多人跟我說，當他們有困難的時候，我總是立刻給他們安定的力量。現在我也更能夠與人和睦相處，能夠更快地了解他們的想法。

二、由於我的死亡經驗，我想我得到一個東西，那就是我可以感受到其他個體生命的需要。例如說，我在辦公室大樓搭電梯時，幾乎能夠從他人的臉龐讀出他們需要什麼幫助。很多時候，我會和那些有煩惱的人們交談，讓他們到我辦公室來，給他們一些建議。

三、自從我受傷以後，我似乎可以理解人們的念頭和感應，也可以感覺到別人的悔恨。他們還沒開口，我就知道他們要說什麼。沒有多少人會相信我，但是自此以後，我有一些眞的非常怪異的經驗。有一次在派對裡，我感覺到別人的念頭，有些不認識我的人起身離開。他們害怕我是巫婆或什麼的。我不知道那是

——我在死去的時候學會的東西，或只是直到那時候才被喚醒的潛在能力。

和死亡的近距離接觸好像總會給人某些「啓示」。幾乎每個有此體驗的人都強調愛人的重要性，一種獨特而深刻的愛。一位曾經和光的存有者相遇的男子，就在他的一生如全景照片般呈現在它眼前的當下，他覺得完全被愛且被接納，他覺得那個存有者問他的「問題」是：他是否能夠以同樣的方式去愛別人。現在他覺得他在人間的任務，就是學會去愛人。

此外，許多人也強調求知的重要性。在他們的經驗裡，他們都隱約感覺到，即使是在死後的世界裡，仍然要繼續追求知識。例如說，有個婦人在其死亡經驗以後，持續把握每個受教育的機會。另外有個男子建議說：「無論你年紀多大，都不要中止學習，因爲那是一個直到永遠的歷程。」

我所訪問的人當中，沒有任何人覺得那個經驗讓他們的道德「淨化」或更完美。沒有任何人流露出「我比你純潔」的態度。其實，大多數人反而會強調他們仍然在嘗試、仍然在追尋。他們看到的異象給了他們新的目標、新的道德原則，並且重新決定依據那些目標和原則活下去，但是他們並不覺得如此就得到救贖，或是在道德上不會犯錯。

對死亡改觀

我們有理由認爲，那種經驗會深深影響一個人對於肉體死亡的態度，尤其是那些認爲死亡就是什麼都沒有的人。無論說法爲何，幾乎每個人都跟我說他們不再害怕死亡。但是我必須澄清幾點。首先，某些死亡方式顯然是他們敬謝不敏的；其次，他們沒有人是自己想要死的。他們都覺得，只要繼續活下去，他們就還會有許多事要做，就如同一個男子告訴我的：「在我離開這裡以前，我要做很多改變。」同樣的，他們都拒絕以自殺作爲手段，好回到他們在其經驗中窺見的那個國度。因爲死亡的狀態對他們而言再也沒有那麼險惡嚴峻了。以下幾段訪談可以說明他們的態度：

一、我想那個經驗在我生命裡形塑了某個東西。當時我只是個十歲的小孩子，但是現在，我一輩子都相信有死後的生命，沒有絲毫懷疑，而且我不害怕死亡。我不害怕。我知道有些人非常恐懼。當我聽到人們懷疑是否有死後的生命，或是說「人死了以後什麼也沒有」的時候，總是竊笑心想：「他們眞的搞不清楚狀況。」

我的一生發生了許多事。在生意上，曾經有人掏槍抵住我的太陽穴。我沒有被嚇倒，因爲我在想：「好吧，如果我眞的死了，如果他們眞的殺了我，我知道我會在某個地方繼續活下去。」

二、

我小時候很怕死。我經常在夜裡醒來號啕大哭，發一頓脾氣。我父母親會衝到房間來，問我怎麼回事。我跟他們說我不想死，但是我知道有一天我會死，我問他們是否能夠讓我不要死。我母親會對我說：「我們也沒辦法，生命就是這麼一回事，我們都必須面對它。」她說我們都得自己去面對，時候到了，我們都會平安走過去的。我母親去世多年以後，我仍舊會跟我太太談到死亡的問題。我還是很怕死。我不要那一天到來。

但是自從有了那個經驗以後，我再也不害怕死亡。那些感覺都不見了。我再也不爲葬禮感到難過。我甚至有點替亡者開心，因爲我知道他們經歷了什麼事情。

我相信，天主或許是因爲我害怕死亡，才讓我有此經驗。當然，我父母親總會安慰我，但是他們無法像天主那樣給我啓示。現在我不再談論它，但是我心裡廓然明白，而且很知足。

三、現在我不再怕死了。並不是說我想死，或是我現在不想再活下去了。我不想現在就到另一頭去生活，因爲我應該活在這裡。我不怕死的原因，是我知道當我離開這裡時要去哪裡，因爲我以前去過了。

四、在我回到身體以前，在我活過來以前，那光告訴我的最後一件事，總歸一句話，就是他會回來。他跟我說這次我要繼續活下去，但是有一天他會再來找我，而我會眞的死去。

所以我知道那光有一天會回來，還有那聲音，但是什麼時候，我不確定。我想那會是相當類似的經驗，不過會更美好，眞的，因爲現在我知道要期待什麼，不會那麼困惑。只是我不想那麼早回去。我在這裡還有些事情要做。

如上所述，死亡不再那麼可怕的原因在於，在那個經驗以後，他不再懷疑自己在肉體死亡以後是否繼續存在。那對他不再是個抽象的可能性，而是他的眞實經驗。

記得先前我討論到「消滅」的概念，它以「沉睡」或「遺忘」去形容死亡。「曾經死去」的人們不會喜歡那些形容方式，而會將死亡描繪成從某個狀態過渡到另一個狀態，或是踏進更高的意識狀態或存有。

有個婦人在死去時看到她去世的親人前來歡迎她，她將死亡比喻成「回家」。也有人將死亡比喻成某些正向的心理狀態，例如甦醒、畢業或是逃出監獄。

一、有人說，我們不喜歡使用「死亡」這個字眼，因爲我們試著要逃避它。我就不是這樣。如果你也經歷過和我一樣的經驗，你會明白並沒有死亡這回事。你只是從一個東西轉換到另一個東西，就像從小學畢業升到中學，再升到大學。

二、生命就像服刑一樣。在此狀態下，我們不會理解這些身體其實都是個監獄。而死亡正是解脫，就像逃獄一樣。那是我所能想到最好的比喻了。

即使是那些對於死後世界的性質抱持傳統想法的人，在經歷了和死亡擦身而過的經驗以後，也紛紛放棄那些想法。其實，在我訪談的人們當中，沒有任何人以神話的色彩替那個世界加油添醋。沒有任何人像漫畫家那樣形容天國，珍珠門、純金的街道，有翅膀的天使彈奏著豎琴，他們也沒有提到火獄和持著乾草叉的魔鬼。[3]

於是，在大多數個案裡，他們都放棄且拒絕因果報應的死後世界模式，即使其中有許多人以前是那麼想的。他們很驚訝地發現，當他們一生中的劣跡惡行都攤在光的存有者面前，那道光並沒有對他們聲嚴色厲，而只是以諒解、甚至幽默的方式回應他們。有個婦人在和光的存有者一起回顧她的生命時，她看到自己在某些情境下吝於去愛別人且自私自利。然而，她說：「當我們看到那些場景時，他的態度就像是說我一直都在學習，在那個情境裡也是。」許多人顯然放下了舊有的思考模式，對彼岸世界有了新的模式和理解，然後回到他們的世界。那個觀點沒有片面論斷的觀點，而是共同開展爲自我實現的終極目標。根據這些新的觀點，靈魂的開展，尤其是它的愛和知識的屬靈能力，不會因爲死亡而停下來。相反的，它會在彼岸繼續下去，或許直到永遠，但是當我們還在身體裡，它有多久多深，我們「彷彿對著鏡子觀看，模糊不清」。[4]

佐證

我們當然會問，除了那些經驗本身的描述以外，關於瀕死經驗的眞實性，是否有其他證據。許多人提到他們脫離身體一段時間，並且見證當時在現實世界的許多事件。我們是否可以找到在場的其他證人去證實，或是依據其後的種種事件去佐證他們的說詞呢？

在許多例子裡，答案是可以的。再者，對於脫離身體時所看到的事件，他們的說詞也都被證實爲眞。例如說，有些醫師跟我說，他們非常納悶爲什麼沒有醫學知識的病人可以如此仔細而正確地描述急救程序，即使那些動作是在他們認爲病人「死去」的時候進行的。

在若干個案裡，他們跟我說，當他們描述在脫離身體時所見證的事件時，在場的醫師和其他人都驚訝不已。例如說，一個女孩子在臨終時走出了身體，到了醫院

3 譯注：《啟示錄》21:21：「十二個門是十二顆珍珠，每門是一顆珍珠；城內的街道是精金，好像明透的玻璃。」

4 譯注：《哥林多前書》13:12。

的另一個房間，看到她姊姊哭著說：「啊，凱蒂，請妳不要死，妳不要死！」凱蒂後來跟她姊姊說當時她在哪裡，以及說了些什麼，她姊姊著實嚇了一大跳，百思不得其解。以下兩段訪談也都提到類似的情況：

一、一切都過了以後，醫師說我當時的情況眞的很糟，我說：「我知道。」他說：「你怎麼知道的？」我說：「我可以跟你說這裡發生的每一件事。」他不相信我的話，於是我告訴他事件始末，從我呼吸停止到甦醒過來。他很震驚我居然知道每一件事，他不知道該說什麼，但是跑來好幾回，問我各式各樣的問題。

二、當我在意外事件後醒過來時，我父親在我身旁，我一點也不想知道自己的狀況如何，或是醫師說什麼。我只想訴說我的經驗。我跟我父親說有人把我拖出大樓，我還指出他的衣服顏色，以及他們如何救我出來的，甚至他們在現場的對話。我父親說：「是啊，眞的有那麼一回事。」但是我的身體當時完全喪失意識，如果我沒有脫離身體，不可能看到或聽到這一切。

最後，在若干個案裡，我從其他不相干的人那裡聽到關於佐證事件的獨立證詞。然而，在評估那些各自獨立的說法的證據價值時，卻產生了複雜的因素。首先，在大多數個案裡，只有臨終者自己以及一兩位至親好友才能證實那些佐證事件。其次，即使我所蒐集的個案情節曲折跌宕而指證歷歷，我承諾不透露他們的眞實姓名。即使我可以公佈，我想這些事後的佐證故事也不能構成證據，至於理由為何，我會在終章裡解釋。

我們已經到了對於死亡經驗的各種共同階段和經驗的調查尾聲。在結束本章前，我要完整引述一段相當罕見的說法，它體現了我討論過的許多元素。但是其中有一個我們至今沒有看過的轉折點：光的存有者先是預言他大限已到，後來卻決定讓他活下來。

當時我有嚴重的氣喘和肺氣腫，現在依然如此。有一天我咳嗽不停，顯然造成腰間椎盤破裂，痛了一兩個月。我到處找醫師，最後被轉到神經外科的懷特醫師那裡。他看了一下就說我必須立刻住院，我一進醫院就接受脊柱牽引治療。懷特醫師知道我有嚴重的肺部疾病，於是找來了一個胸腔內科醫師，這位胸腔內科醫師說，如果我要麻醉，必須找麻醉科醫師柯曼會診。他爲我奔走了三個禮拜，才安排好讓柯曼醫師替我麻醉。他在一個禮拜一終於同意，雖然還是很擔心。他們安排在下一個禮拜五開刀。禮拜一晚上，我睡得很沉，直到禮拜二早上，一陣劇痛把我叫醒。我轉身想要換個比較舒服的姿勢，但是就在那瞬間，病房角落的天花板下方出現一個光。它只是個光球，就像是個球體，不是很大，我猜直徑最多十二到十五英寸。我不能說那是什麼毛骨悚然的感覺，因爲它不是。那是一種完全平靜而放鬆的感覺。我看到一隻手從光裡伸向我，那光說：「跟我來。我要讓你看一個東西。」於是我毫不遲疑地伸手抓住我看到的那隻手，我一抓住它，就覺得被拉出自己的身體，回頭看到我的身體還躺在病床上，而我被拉到天花板上。

在我離開身體的那一刻，我的形狀就像那個光一樣。我有那種感覺，而我只能用自己的話去形容它，因爲我不曾聽人講過這種事，那個形體一定是個靈魂。它不是一個身體，只是一縷煙或蒸氣。看起來就像吞雲吐霧時在燈下看到的那種煙霧。但是它有顏色。有橙色、黃色，以及一種我無法分辨的顏色，有點像靛藍色，偏藍的顏色。

我的靈體沒有像是身體一般的外形。它有點圓滾滾的，但是有我所謂的手。我很清楚，因爲當那光走下來時，我伸手去碰它。但是我身體的雙手都留在原地不動，因爲當我上升到天花板時，看到它們擱在病床上，平擺在我的身體兩側。而當我不再使用靈體的手時，它又變回圓形。

於是我上升到光進來的地方，穿過天花板以及病房的牆到醫院走廊，接著穿過走廊到醫院的下一層樓。我們輕而易舉地穿過大門或牆。我們接近它們時，它們就會漸漸消失。

在那段期間，我們似乎是到處遊蕩。我知道我們在移動，但是沒有速度感。而在一瞬間，眞的，我發現我們到了醫院的手術恢復室。我根本不知道恢復室在哪裡，但是我們不知怎的就到了那裡，又在病房角落的天花板，在所有東西上方。我看到醫師和護士穿著綠色手術服走來走去，我也看到擺在病房四周的病床。

那存有者對我說（他對我顯示）：「那就是你要去的地方。他們將你移開手術檯後，會讓你躺在那張床上，但是你永遠也不會醒來。你到手術房以後的事，你會一無所知，直到我回來找你。」我不敢說他眞的用言語告訴我。那不是聽得到的聲音，因爲若是聲音，病房裡的其他人應該也聽得到，但是他們沒有。那比較像是襲上心頭的一個印象，卻又如此清晰鮮明，使得我不能說我沒聽到或沒有感覺到。我很肯定。

至於我看到了什麼，嗯，在靈體裡的我，辨識東西可以說容易得多了。我心裡或許在想：「現在他又要讓我看什麼。」我當下就知道那是什麼，他在想什麼。毫無疑問。那張床，你從走廊進來看到右側的那張床，就是我將要躺的床，他帶我來看一定有他的用意。接著他就告訴我爲什麼。我驀然明白，他來找我，是不要讓我在我的靈魂離開肉體時感到害怕，他要讓我知道到那時候會有什麼感覺。他要我安心，不要害怕，他跟我說他不會馬上回來，我會先經歷許多其他事情，而一路上他都會保護我，直到那一天到來，他會來找我。

當我和他一起到恢復室時，我自己也成了靈體，而且不知怎的，我們融合在一起。當然，我們仍然是兩個個體。但是跟我有關的一切事物都在他的控制下。我們一起穿越牆和天花板，四處遊蕩，我們似乎如此共感共融，讓我完全不擔心害怕。那是我從來不曾感覺到的一種平安、安詳和寧靜。

他跟我說了這些以後，就帶我回到病房，我又看到我的身體躺在床上，姿勢和我們離開時一模一樣，於是我倏地回到身體裡。我想我大約離開身體五到十分鐘，但是時間長短和那個經驗無關。我不記得我曾經想過時間的問題。

整件事讓我驚訝不已，不知所措。它是那麼清晰而眞實，甚於一般經驗。第二天早上，我一點也不害怕。我在刮鬍刀時，注意到我的手不再像過去六到八個禮拜以來那樣顫抖。我知道我會死，但是不會有懊喪和恐懼。我從來沒有想過：「我該怎麼阻止死亡到來？」我已經準備好了。

到了禮拜四下午，隔天早上就要開刀了。我在病房裡，開始擔心起來。我和我太太有個孩子，我們收養的姪子，我們和他處得不好。於是我決定分別寫一封信給我太太和我姪子，告訴他們我的憂慮，我把信藏在他們在手術前找不到的地方。我才寫了兩頁給我太太，情緒就潰堤了。我抽抽噎噎地淚流不停。我覺得有人在場，起初我以爲是我哭得太大聲，驚動了護士，跑來看看是怎麼回事。但是我沒有聽到開門聲。我再次覺得有人在我身旁，但是這次我沒有看到光，只有某些念頭或話語浮上心頭，一如從前，他跟我說：「傑克，你爲什麼在哭？我以爲你會很開心可以跟我在一起。」我心想：「是啊，我很想去那裡。」於是那聲音又說：「那麼你爲什麼在哭？」我說：「你知道的，我們和孩子處得不好，我擔心我太太不知道該怎麼撫養他長大。我想把我的感覺寫下來，要她好好照顧他。我也很擔心，因爲我覺得或許有我在，他會比較放心。」

於是，從他那裡，一個念頭臨到我：「既然你為別人而求，想到的是別人，而不是傑克，我會應許你的要求。你會活到你姪子長大成人。」就這樣，他走了。我不再哭泣，把信撕掉，以免我太太不小心看到。

那天晚上，柯曼醫師來看我，他說他預期麻醉過程會有點麻煩，要我醒來看到身上接了一堆電線、管子和機器時不要太驚訝。我沒有跟他說我的經驗，只是點點頭說我會盡量配合。

第二天早上，手術進行很久，但是很順利，當我恢復意識時，柯曼醫師在我身旁，我告訴他說：「我知道我現在在哪裡。」他問：「你在哪一床？」我說：「我在你從走廊進來右手邊第一張床。」他笑了幾聲，當然，他以為我只是麻藥剛退在胡言亂語。

我想跟他說是怎麼一回事，但是沒多久懷特醫師就走進來說：「他現在醒了。你要怎麼辦？」柯曼醫師說：「我什麼也不用做。我一輩子沒看過這麼奇怪的事。我所有裝備都準備好了，但是他什麼也不需要。」懷特醫師說：「你知道的，總會有奇蹟出現。」當我可以坐直起來環顧病房四周時，我看到那團光幾天前給我看到的同一張床。

現在，三年過去了，那個經驗始終歷歷在目。那是我一輩子遇過最神奇的事，也改變了我的一生。不過我保持沉默。我只有跟我太太、我哥哥、我的本堂神父說，現在跟你說。我不知道從何說起，那實在很難解釋。我不想對你的生活造成太大的震撼，也不想自吹自擂。只是從那以後，我再也沒有懷疑。我知道有死後的生命。

第三章

以古喻今

我們必須承認，
古代思想家的作品以及曾經和死神擦身而過的現代美國人的說法，
兩者之間的相似性和呼應，
一直是個顯著而難以解釋的事實。

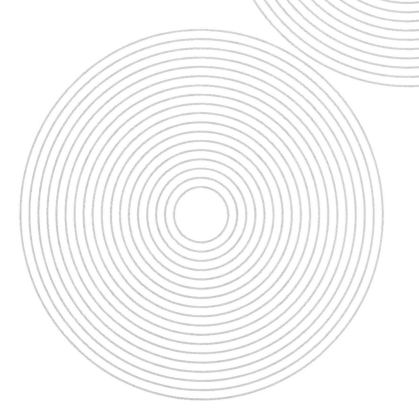

我們至少可以說，死亡經驗各個階段的事件都是相當不尋常的。因此，當我多年來看到許多非常類似的說法時，更加讓我舌撟不下。這些類似的說法來自各個文明、文化和時期的古老或祕傳的文獻。

聖經

在我們的社會裡，就人的屬靈面向以及死後生命的問題而言，聖經是最多人閱讀且討論最多的書。然而，整個來說，對於死亡時可能發生的事件，或是死後世界的確切性質，聖經其實著墨不多，尤其是《舊約》。某些聖經學者認爲，整個《舊約》只有兩段經文明確提到死後的世界：

《以賽亞書》26:19：死人要復活，我的屍首要興起。睡在塵埃的啊，要醒起歌唱……地也要交出死人來。[1]

《但以理書》12:2：睡在塵埃中的，必有多人復醒。其中有得永生的，有受羞辱永遠被憎惡的。

我們要注意，這兩段經文都強烈暗示肉體會復活，並且再次將肉體死亡比喻爲沉睡。

正如前章所述，某些人在試著說明或解釋他們的遭遇時，也會引用聖經的某些概念。例如說，猶記得一個人認爲他走過的那個漆黑封閉空間，就是聖經所說的「死蔭的幽谷」。有兩個人提到耶穌所說的：「我是世界的光。」[2]這兩個人顯然是部分基於這句話，而認定他們遇到的光就是基督。其中一個人告訴我說：「我並沒有看到光裡有人，但是我覺得那光就是一個基督的意識，一個與萬物合一的東西，一個完美的愛。基督說他是世界的光，眞的一點也不誇張。」

此外，我也讀到我的受訪者沒有提到的若干類似例子。最有趣的部分當屬使徒保羅的故事。保羅原本極力迫害基督徒，直到他在大馬士革的路上得見著名的異象而歸信主。他說：

《使徒行傳》26:13-26：「王啊，約當正午，我在途中看見一道光，比太陽的光

1 原注：以下聖經引文皆依據《欽定本聖經》。
2 譯注：《約翰福音》8:12。

還要強烈，從天空照射在我和同行的人周圍。我們都仆倒地上。我聽見一個聲音，用希伯來話對我說：『掃羅，掃羅！你為甚麼迫害我？你像牛用腳踢主人的刺棒，反而傷了自己。』

「我就問：『主啊，你是誰？』主說：『我是你所迫害的耶穌。起來，站著。我向你顯現，是要指派你作我的僕人。你要見證今天所看見有關於我以及將來我要指示你的事……。』」

「因此，亞基帕王啊，我沒有違背從天上來的異象……。」保羅這樣為自己申辯；非斯都大聲對他喊叫：「保羅，你瘋了；你的大學問使你神經失常了！」保羅說：「非斯都大人！我並沒有發瘋；我所說的話是眞實無僞的。」

這段故事顯然和在瀕死經驗裡遇見光的存有者有異曲同工之妙。首先，那存有者是有位格的，儘管沒有看到身體外形，而他也發出「聲音」問問題，並且提出指示。當保羅試著告訴別人時，也被嘲笑說他「瘋了」。然而，那異象改變了他的一生：他後來成了基督宗教的領袖人物，以宣揚要愛別人為一生職志。

當然，還是有所不同。保羅在得見異象期間並未瀕臨死亡。此外，有趣的是，保羅說他被光照得有三天看不見東西。這個說法和那些有過死亡經驗者的說法相反，他們提到雖然那光非常耀眼炫目，但不會讓他們看不見周遭的事物。

保羅在討論死後世界的性質時說，有些人質疑基督宗教關於死後世界的觀念，他們問，死人會有什麼樣的形體。

《哥林多前書》15:35-52：有人要問：「死人怎麼能復活呢？他們會有甚麼樣的形體呢？」無知的人哪，……你們所種的是麥子，或是別的種子，都是一顆光光的子粒，並不是那將來要長成的形體。上帝照著自己的意思給種子一個形體；他使各樣的種子各有適當的形體。……還有天上的形體，也有地上的形體；天上的形體有一種美，地上的形體有另一種美。……死人復活也是這樣。身體埋葬後會朽壞；復活後是不朽壞的。被埋葬的是醜陋衰弱的；復活的是完美健壯的。被埋葬的是血肉的身體；復活的是屬靈的身體。既然有血肉的身體，也就有屬靈的身體。……你們要注意這一件奧祕的事：我們並不是都要死，而是在一剎那、一眨眼間，最後的號角響的時候，都要改變。最後的號角一響，死人要復活而成爲不朽壞的。

有趣的是，保羅對於「靈體」的性質的約略勾勒，和那些曾脫離身體的人們的說法若合符節。在所有個案裡，他們都強調靈體的非物質性，也就是說缺少物質實體，他們也都提到它沒有任何限制。而保羅說，血肉的身體是醜陋衰弱的，屬靈的身體是完美健壯的。這讓我們想到一個瀕死經驗的說法，他說就在他的身體血肉模糊的當下，靈體卻顯得完好無缺；另一個人則說，靈體似乎沒有確定的年紀，也就是說，沒有時間的限制。

柏拉圖

哲學家柏拉圖是史上最偉大的思想家之一，他是雅典人，生於西元前四二八年，死於西元前三四八年。他留給我們以二十二篇哲學對話錄或說是戲劇爲形式的思想體系，大部分以他的老師蘇格拉底爲主要對話者，此外他也留下若干書信。

柏拉圖堅信，要獲致眞理和智慧，必須使用理性、邏輯和論證，但是這麼做有其限制，由於他也是個偉大的靈視者，他認爲只有在啓蒙和洞見的神祕經驗裡，終極的眞理才會臨到人們。他相信除了可感的物質世界以外，實在界還有許多其他層次和向度，我們必須以這些「更高」的實在界層次爲參考點，才能理解物質世界。因此，他的主要興趣也在於人類的非身體的、意識的元素，也就是靈魂，他認爲身體只是靈魂暫時性的載具。難怪他對於肉體死亡以後靈魂的命運有興趣，並且在若干對話錄裡旁涉該主題，例如《斐多篇》、《高爾吉亞篇》（*Gorgias*）和《國家篇》（*The Republic*）。

在柏拉圖的作品裡，有許多關於死亡的描繪和前章所討論的一模一樣。例如說，柏拉圖將死亡定義爲：人的非肉體部分，也就是靈魂，脫離物質的部分，也就是身體。[3]再者，人的非肉體部分比肉體部分所受的限制要少得多。於是，柏拉圖特別指出，在可感的物質世界以外的那個國度，並沒有時間的元素。那個國度是永恆的，用柏拉圖令人動容的話說，我們所謂的時間，只是「永恆的變動不居的映象」[4]。

柏拉圖在不同段落裡討論脫離其身體的靈魂如何和其他脫離身體的靈魂相遇且

3 譯注：《斐多篇》64c：「死亡只不過是靈魂從身體中解脫出來，對嗎？死亡無非就是肉體本身與靈魂脫離之後所處的分離狀態，和靈魂從身體中解脫出來以後所處的分離狀態，對嗎？除此之外，死亡還能是別的甚麼嗎？」

4 譯注：《蒂邁歐斯篇》37d。

交談，並且由守護靈引導它從物質世界過渡到下一個國度。他也提到，人們死亡的時候，會有一艘船來接引他們，渡海到死後生命的「彼岸」。在《斐多篇》裡，無論是情節高潮起伏的場景，或是處處機鋒的言詞辯論，都是要指出身體是靈魂的監獄，而相對的，死亡則是從那監獄逃出來或被釋放。一如我們在第一章看到的，柏拉圖假蘇格拉底之口提到，以前人將死亡視爲沉睡或遺忘，他自己到頭來卻拒絕這個說法，甚至來個一百八十度大轉彎。根據柏拉圖的說法，靈魂從一個更高更神聖的國度下降到物質性的身體裡。對他而言，**出生**才是沉睡和遺忘，因爲當靈魂投胎到身體裡，便從一個靈台清明的狀態謫降到一個蒙昧無知的狀態，而且也忘記了以前沒有身體的狀態時所認識的眞理。言下之意，死亡是**覺醒**和**回憶**。柏拉圖說，在死亡時脫離了身體的靈魂，其思考和理性比生前更加清晰，更能夠認識到事物的眞正本質。再者，緊接著死亡以後，它要面對「審判」，神性存有者會將他生前所作所爲，無論善行或惡行，呈現給靈魂，讓靈魂去面對它們。

《國家篇》卷十裡的描述或許是最相似的。柏拉圖講了一個希臘士兵厄爾（Er）的神話故事。他在一場屍橫遍野的戰役裡喪命，他的同胞去爲陣亡將士收屍，他的屍體也在其中。他們將他的屍體和其他屍體一起擺在火葬的柴堆上準備燒化。不知怎的，他的身體甦醒過來，於是厄爾對眾人解釋他到彼岸國度的經歷。首先，厄爾說，他的靈魂脫離身體，遇到一群靈魂，他們結伴去到一個地方，那裡有個「入口」或「走廊」，顯然是從人間通往死後生命的國度。其他靈魂駐足接受神性存有者的審判，靈魂在人間的種種行為在他們面前一目瞭然。但是厄爾沒有接受審判。相反的，那些存有者叫他回到人間，告訴在物質世界裡的人們彼岸世界是什麼樣子。看過了種種景象以後，厄爾被送回來，但是他說他不知道自己是怎麼回到身體裡的。他一醒來就發現自己躺在柴堆上。

然而，柏拉圖也提醒我們，他所說的靈魂在死後進入的世界的種種細節，「最多只是個可能性而已」。儘管他相信肉體死後仍然有生命持存，但是他也說到，在物質世界裡要解釋死後世界，會面臨兩個困難。第一，我們的靈魂被囚禁在物質的身體裡，因此他們經由感官得到的經驗也有所侷限。視覺、聽覺、觸覺、味覺和嗅覺，都會以各自的方式欺騙我們。在遠方的物體儘管很巨大，我們的眼睛卻讓它們看起來很小，而我們有時候也會聽錯某個人說的話。這些都會導致我們對於事物本質的錯誤意見和印象。因此，我們的靈魂必須擺脫感官的扭曲和差錯，否則就看不到實在界本身。

其次，柏拉圖說人類語言並不足以直接表現究竟實在界。語言與其說是開顯事物的內在本質，不如說是遮蔽它們。因此，人類語言只能藉著類比、神話和其他間接的方式，去顯示那些物質世界以外的事物的本性。

《西藏度亡經》（中有聞教得度密法）

這部聖書是古代西藏好幾個世紀的上師的作品結集，透過早期世代口傳相授。它顯然是在西元八世紀左右被抄錄下來，但是仍舊祕不示人。

這部不世出的經典形式有多重作用。首先，造論的上師認爲死亡其實是一種藝術，它可以是善巧的，也可以是拙劣的，取決於人們是否具有必備的知識爲之。於是，該書會在喪葬禮儀當中贊誦，或爲臨終者助念。因此它被認爲有兩種功能。其一是幫助臨終者謹記他將經驗到的每個異象的本質。其二是幫助生者心存正念，不要因愛憐牽掛而羈絆臨終者，讓臨終者心無罣礙地走到死後的世界，解脫一切形體的掛念。

爲此，《西藏度亡經》大幅地描寫靈魂在肉體死亡後要經歷的各個階段。它所提到的死亡的最初若干階段，和經歷瀕死經驗者告訴我的若合符節而讓人咋舌。

首先，在西藏的說法裡，臨終者的心靈或靈魂會脫離肉體。接著他的靈魂會陷入「昏迷」[5]，覺得置身於眞空明光當中，那不是物質世界的空無，而是因爲自身的限制而感受到的虛空，在該虛空裡，他的意識仍然存在。其後，他會聽到恐怖刺耳的聲音，千雷齊吼，如狂風一般排山倒海而來，而亡者通常也會看到暗淡藍色的霧光圍繞四周。[6]

他會很驚訝自己脫離了身體。他看到且聽到親友在他身旁哀哭，並且準備喪禮，他想要回應他們，但是沒有人看得到或聽得到他。他不知道自己死了，感到惶惑不安，自問是不是死去了，當他終於明白了，又懷疑自己到底要去哪裡，該怎麼辦。他會覺得愁慘不堪，心灰意冷，一直在生前熟悉的地方徘徊不去。[7]

他注意到他仍然在一個身體裡，即所謂「光燄之身」，它不是由物質構成的身

5 譯注：在臨終中陰階段，臨終者有思睡或睡眠境界現前。見：《中有聞教得度密法》（新文豐出版）、《西藏度亡經》（天華出版）。

6 譯注：「智光明中，實相播音，千倍雷鳴，如轉巨石，四處響應，音中且聞，喊殺之聲。」該聲音是亡者內光智能，不必驚慌逃避。暗淡藍色的光則是畜生道的光，若被吸引，即墮畜生道。

7 譯注：「目睹塵世，熟諳地方，在彼親屬，如在夢中，彼此相逢。爾睹親友，就之而語，蔑若無聞。目睹彼等，目睹爾家，正在舉哀。爾心思維，余其死乎，余將何為。至極悲痛。」

體。於是，他可以穿過岩石、牆，甚至是高山，毫無阻礙，心念想到哪裡，當下就到那裡。他的知覺和心念也沒有那麼侷限，他的神智相當清明，感官更加敏銳完美，擁有神通能力。他生前或許眼瞎、耳聾、腿瘸，但是現在他很驚訝地發現在他的「光燄之身」裡，所有感官和身體能力都恢復了。他可以遇到同類的眾生，也可以看到清淨的光。西藏人會指導死者心存對眾生的慈悲而趨向那光。[8]

書中也提到死者會經驗到種種愉快安逸，以及某種「業鏡」，一生中的每一個善行和惡行，都映現在他和審判者眼前，歷歷如繪，絲毫不爽，想要掩飾抵賴一生所作所爲是不可能的。[9]

簡言之，儘管《西藏度亡經》裡所提到的死亡的後期階段，有許多是我的受訪者沒有經驗到的，但是這部古老經典的描述，和二十世紀的美國人告訴我的種種事件，兩者有顯著的相似性。

伊瑪努埃・史威登堡

史威登堡（Emanuel Swedenborg, 1688-1772）生於斯德哥爾摩，在生前就聲名顯赫，於許多不同的自然科學領域都貢獻卓著。他的作品最初以解剖學、生理學和心理學爲主，並因此聞名於世。然而，到了晚年，他經歷信仰危機，開始講述和他所謂的彼岸屬靈存有者的溝通經驗。

在他的晚期作品裡，充滿了對於死後生命的生動描繪。於此，我們再次看到他關於其屬靈經驗的作品和那些大難不死的人們的說法如出一轍。例如說，史威登堡就曾經形容，當呼吸和循環停止時：

> 人還沒有死，只是脫離肉體的部分，那個他在人間使用的軀殼……人死了只是從一個世界走到另一個世界罷了。[10]

他說他自己曾經經歷死亡的早期階段，也有過脫離身體的經驗。

---

8 譯注：那些能力是業力作用，是在中陰身裡自然具有的。「光燄之身」是指「前身與待生之身」，也就是類似生前習氣的血肉之軀的身體。

9 譯注：「地府主宰，於是宣示，我有業鏡，鑒照不爽。言畢視鏡，善惡映現，歷歷如繪。縱欲掩飾，亦徒無益。」

10 原注：以下史威登堡引文見：*Compendium of the Theological and Spiritual Writings of Emanuel Swedenborg*（Boston: Crosby and Nichols, 1853）, pp. 160-197。

我被帶到失去身體感官知覺的狀態，因而幾乎進入死亡狀態，但是思維的內在生命依然完整，因而得以感知且記得所發生的一切，以及那些死而復甦的人們的遭遇……尤其是感覺到……我心智和靈魂被拉扯……被拉出身體。

在那段經驗期間，他遇到他所謂「天使」的存有者。結果，他們也問他是否準備好死亡。

那些天使先是問我在想什麼，是否和其他死去的人一樣，都在想著永恆生命；他們要我記住那個想法。

然而，史威登堡和靈體的交談不同於人世間的方式，幾乎是念頭的直接傳遞，因此不可能有任何誤會。

靈體以一種世界語言相互交談……每個人死後都會說世界語言……那是他的靈特有的語言……

天使或靈體跟人類說話的語言，聽起來和人類彼此交談的語言一樣圓潤洪亮；但是那不是說給身旁的人聽的，而是給自己聽的；因爲天使或靈體的語言是直接灌注到一個人的思維裡……

在死亡初期的人們不知道自己死了，因爲他仍然在一個「身體」裡，那個身體和他生前的身體在許多方面都很相似。

人死後最初的狀態很類似他在人間的狀態，因爲他有一樣的外形……因此他會以爲自己仍然在人世間……於是，在他們開始懷疑自己是否有個身體或是和生前一樣的感官以後……他們會很想知道天堂是什麼，地獄是什麼。

然而，靈體的狀態沒有那麼多限制。知覺、思考和記憶都更完美，時間和空間也不再像在生前一樣對他構成障礙。

靈體的所有能力……都處在更完美的狀態，無論是它們的感官、思考和知覺。

臨終者可能會遇到他在生前認識的其他亡者的靈體。他們來幫助他走到彼岸世界。

剛去世者的靈體……被他的朋友以及生前熟識的人認出來……他們前來告訴他永恆生命的狀態是什麼……

他也可能在一個異象裡看到他的前世。他記得每個細節，而且他沒有任何說謊或隱匿的機會。

內心深處的回憶銘刻著每一件事……人們的所有念頭和言行，從嬰兒時期到耄耋之年。人們帶著他們的所有記憶到另一個生命去，陸續回想起它們……他的一切言行……都攤在天使面前，有如皦日……生前一切所作所爲都無所遁形……靈魂在天國眼裡赤裸裸地一覽無遺。

史威登堡也提到「上主之光」遍照著死後世界，他親眼看到難以形容的燦爛光明。那是眞理和知性之光。

一如聖經、柏拉圖的作品以及《西藏度亡經》，我們在史威登堡的作品裡也看到許多說法和現代人們的瀕死經驗遙相呼應。我們當然會有個疑問：它們的相似性眞的有那麼讓人驚訝嗎？或許有人會說，這些作品的作者有可能相互影響。在某些情況下，這個說法還有點道理，但是也有些情況是站不住腳的。柏拉圖承認他的觀點有一部分受到東方的宗教神祕主義影響，有可能和《西藏度亡經》的傳統有關。而希臘哲學家則影響到《新約聖經》的若干作者，因此有人主張說，保羅關於靈體的討論其實是源自柏拉圖。

另一方面，在大多數的情況裡，我們很難證明有這樣的影響。每個作者似乎都提到某些有趣的細節，在我的受訪者的說法裡也會出現，但是那些細節不可能是從以前的作者那得到的。史威登堡讀過聖經，也對柏拉圖如數家珍。但是他多次提到說，剛死去的人可能不知道他自己已經死了。許多和死亡擦身而過的人們都有類似的說法，但是聖經和柏拉圖顯然對此隻字未提。倒是《西藏度亡經》相當強調這點，而史威登堡不可能讀過這本書，因爲它直到一九二七年才被譯爲英文。

我所蒐集的瀕死經驗有可能受到我提到的那些作品的影響嗎？我所訪談的每個

人，在其死亡經驗以前都曾經接觸過聖經，其中兩、三個人對於柏拉圖的觀念略知一二。但是沒有人知道史威登堡或《西藏度亡經》之類的神祕主義作品。然而，聖經和柏拉圖作品裡頭所沒有的許多細節，卻經常在我所蒐集的說法裡出現，與那些鮮爲人知的作品描述的現象和事件如出一轍。

我們必須承認，古代思想家的作品以及曾經和死神擦身而過的現代美國人的說法，兩者之間的相似性和呼應，一直是個顯著而難以解釋的事實。我們或許會問，西藏上師們的智慧、保羅的神學和異象、柏拉圖怪異的觀點和神話，以及史威登堡的屬靈啓示，爲什麼和有瀕死經驗的現代人的說法如此一致？

第四章

答客問

無論所謂的死亡的不回歸點是什麼，
無論過去、現在或未來會如何定義，
我的訪談對象比他們周遭大多數的人都更接近那個點。
光是這個理由，
就足以讓我好好聽他們怎麼說。

現在，讀者應該會有許多懷疑和異議。多年來，我曾經在私下或公開場合談論該主題，也被問了許多問題。一般而言，在大多數場合裡，我都會被問到同樣的問題，於是我整理了一張最常見的問題清單。在以下兩章裡，我會著墨在那些問題上。

➤這一切都是你虛構出來的嗎？

不，那不是虛構的。我很想以教授精神病學和醫療哲學爲業，招搖撞騙對我並沒有好處吧。

再者，我的經驗告訴我，只要細心而體諒地問看看曾經擁有該經驗的親友，人們的懷疑很快就會一掃而空。

➤你會不會太不切實際了？再怎麼說，那種經驗不會很常見吧？

一開始我就承認，由於個案樣本數的必然限制，關於該現象的發生率或普遍性，我無法提出一個統治數字的估計。然而，我可以說：那些經驗的發生率遠高於我們在探究以前的想像。我曾經多次針對該主題，對不同性質和大小的團體進行演講，每次總有人在演講結束後，甚或在眾人面前，和我分享他們自己的故事。當然你會說，擁有該經驗的人比較可能跑來聽這類主題的演講。話是沒錯，不過，在我看到的許多情況裡，他們並不是因爲該主題才來聽演講的。例如說，我最近到一個爲數三十個人的團體去演講。其中兩個人曾經有瀕死經驗，他們只是因爲屬於團體的成員才來聽講的，事先並不知道我的講題是什麼。

如果瀕死經驗真的像你說的如此普遍，為什麼大眾並不常聽到？

有幾個原因。我想最重要的原因在於，我們的時代風氣不喜歡討論是否可能有死後生命的問題。我們生活在科學和科技趾高氣揚地了解且征服自然的年代。許多人覺得死後生命的想法應該留在「迷信」的過去，而不是「科學昌明」的現在，討論該話題顯得有些食古不化。同樣的，當人們擁有我們現在所理解的科學領域以外的經驗，也經常會被嘲笑。可想而知，既然知道其他人的態度如此，擁有超越性經驗的人們通常不願意在公開場合提起。事實上，我相信有無數的材料都藏在有此經驗的人們心裡，他們害怕被貼上「發瘋」或「想像力太豐富」的標籤，因此除了對一、兩個至親好友傾訴，總是絕口不提此事。

此外，一般大眾對於瀕死經驗的陌生，似乎也根植於和注意力有關的普遍心理現象。我們每天所見所聞，有許多並沒有銘記在心裡。如果我們的注意力深受某個東西吸引，那麼我們日後也會特別留意它。許多人都有過這樣的經驗，當他們學了一個新詞的意義，其後數天，他們在閱讀任何東西時都會看到那個詞。原因通常不會是因爲那個詞是到處出現的常用語。相反的，那個詞早就在他一直在讀的東西裡，但是由於他不知道它的意思，所以經常會跳過它，沒有意識到它的存在。

同樣的，在前陣子的一次演講結束後，我開放討論，一個醫師率先提問說：「我行醫多年，如果這些經驗眞如你說的那麼普遍，爲什麼我從來沒聽過？」我知道聽眾當中可能有人曾經聽過一、兩個個案，於是立即將問題拋給聽眾，問說：「有沒有其他人聽過類似的例子？」就在這時候，那位醫師的太太舉手講述他們一個好朋友的故事。

再舉一例，我認識一位執業醫師，他在舊報紙上讀到我的一篇文章，才知道有這類經驗。無獨有偶，第二天就有個病人跟他提到一個非常類似的經驗。那位醫師確定病人以前沒有聽過或讀過我的研究。那個病人之所以透露他的故事，只是因爲那件事讓他既困惑又擔心害怕，想要聽聽醫師的意見。以上兩位醫師很可能以前就聽過某些類似的說法，但是都把它當作個人的無稽之談，不認爲是普遍的現象，因此沒有特別注意到它們。

最後，另外有一個因素，可以說明爲什麼許多醫師似乎不知道有所謂瀕死經驗，即使我們會認爲醫師應該比其他人都更有機會見證到它們。在醫學訓練過程中，未來的醫師們不斷被灌輸說，對於病患自述的感覺要多所保留。醫師應該注意病程的客觀「跡象」，對於病人的主觀說法（「病徵」）則應該存疑。這麼做當然有其道理，因爲客觀的東西總是比較容易應付。然而，這樣的態度也讓他們對瀕死經驗視若無睹，對於自臨床死亡當中甦醒的病人，醫師很少會問他們有什麼感覺或知覺。由於這個態度，我想醫師（他們理論上應該是最有可能去揭露瀕死經驗的一群人）其實不會比其他人更有機會聽到瀕死經驗。

關於該經驗，你覺得男女有別嗎？

根據男性和女性的說法，無論是經驗的內容或類型，似乎沒有任何差別。我發現無論男女都會提到瀕死經驗的每個共同層面，並沒有哪個元素有性別方面的偏重問題。

然而，男性和女性主體之間還是有些差別。整個來說，在經歷過死亡經驗的人們當中，相較於女性，男性顯然很不願意多說。比起女性，男性只是簡短地跟我提到他們的經驗，當我試著做更詳細的訪談，他們總是拒絕回信或回電話。他們會說：「我試著忘記它，壓抑它。」這樣的說法經常暗示他們害怕被嘲笑，或者該經驗對他們的情緒衝擊太大，使他們難以啓齒。

雖然我無法解釋何以致此，但是顯然我不是唯一注意到它的人。羅素．摩爾斯博士（Russell Moores）是知名的通靈研究者，他跟我說，他和其他人都有相同的觀察。在跟他談論通靈經驗的人們當中，男性只有女性的三分之一。

另一個有趣的事實是，出乎意料之外的，有許多這類的經驗是發生在妊娠期間。或許只是因為懷孕在許多方面來說是相當危險的生理狀態，而且會有許多併發症。一來只有婦女才會懷孕，二來女性也比男性願意談論她們的經驗，這或許可以解釋那些經驗在妊娠期間的高發生率。

你怎麼知道他們不是都在騙你？

不曾看過或聽過別人談到瀕死經驗的人，總會依照常理假定那些故事都是謊言。然而，我的立場很特別。我見證了許多成熟而情緒穩定的成人，無論男性或女性，在告訴我他們幾十年前的事件時崩潰痛哭。從他們的聲音裡，我聽到眞誠、熱情，以及一種無法以筆墨形容的感覺。雖然我很難跟別人解釋爲什麼，但是對我而言，如果要說他們的故事都是虛構的，根本站不住腳。

除了我的支持意見，更有若干考量足以排除其虛構性。最明顯的地方在於，我們很難解釋爲什麼他們的說法如此接近。怎麼可能有那麼多人在八年當中跑來跟我說同一個謊話？理論上，他們可能是串通好的。你當然可以想像說，一個來自北卡羅萊納州的和藹老太太、一個來自紐澤西的醫學院學生、一個來自喬治亞州的獸醫，以及其他許多人，他們在幾年前聚在一起，共謀跑來跟我說一個精心策畫的謊話。然而，我可不認爲那種事的可能性有多高！

即使不是蓄意說謊，或許他們不知不覺地歪曲事實。難道沒有可能是他們多年來一直在編造自己的故事嗎？

這個問題指出一個家喻戶曉的心理現象：起初人們只是單純提到一個經驗或事件，一陣子以後就發展成一個情節複雜的故事。他們不斷地加油添醋，連自己都不知不覺地信以爲眞，到頭來，故事就被渲染虛構得和原來的經驗大相逕庭。

然而，我不認爲在我研究的個案裡，這種心理機制的影響程度有多大。首先，在其經驗不久以後即接受我訪談的人們（某些個案甚至是還在醫院休養的時候），和幾十年前遭遇該經驗的人們，他們的說法如出一轍。再者，在若干個案裡，受訪者在他們的經歷不久以後簡短地將其記錄下來，在訪談中將他們的筆記唸給我聽。他們的說法和其他人多年前的回憶也都相去不遠。而且我經常是第一個或第二個聽到他們自述其經驗的人，他們總是欲語還休，在有些個案裡，那甚至已經是多年前的事了。雖然他們的說法不太可能渲染造假，卻和那些經常向他人提起其經驗的人們的說法無甚差別。在許多例子裡，情況可能正好和加油添醋相反。精神病學家所謂的「壓抑」是指一種心理機制，有意地控制不喜歡的回憶、感覺或念頭，或是不讓它們被意識到。在我訪談的無數個案裡，從他們的話裡可以感覺到曾經有強烈的壓抑。例如說，一個婦女提到她在「死亡」期間情節錯綜複雜的經驗時說：「我覺得還有更多東西在裡頭，但是我無法全部都記得。我試著要壓抑它們，因爲我知道人們不會相信我。」一個男子在越南受重傷，手術過程當中心跳停止，他說他在情感上很難去面對靈魂出竅的經驗。「直到現在，每次談到它，我都激動得說不出話來……我覺得有很多東西已經記不得了。我一直試著要忘掉它們。」簡言之，我們有充足的理由說，在這些故事的鋪陳當中，渲染虛構並不是非常重要的因素。

➤這些人在其經驗之前是否都有宗教信仰？若是如此，那麼那些經驗會不會是根據他們的宗教信仰和背景虛構出來的？

有些人似乎是有宗教信仰。如前所述，儘管關於光的存有者的敘述千篇一律，但是關於它的身分則人言言殊，顯然和個人的宗教背景有對應關係。然而，在我所有的研究裡，我不曾聽到任何關於天堂或地獄的指涉，一如我們社會的習慣性想像。許多人強調，那些經驗和他們基於自身宗教背景的期待其實大異其趣。一個曾經「死去」的婦人說：「我總是聽人家說，當你死了以後，你會同時看到天堂和地獄，但是我一個也沒瞧見。」有個女士因重傷而有脫離身體的經驗，她說：「奇怪的是，我的宗教教育總是告訴我說，死去的那一刻，你會看到那些美麗的門，珍珠門。但我只是在我的身體四周飄浮，就這樣而已！我真的很困惑。」其次，在許多例子裡，他們在其經驗以前並沒有任何宗教信仰或訓練，而他們的說法在內容上和篤信宗教者並無二致。在某些個案裡，他們以前曾經接觸過宗教教義，但是沒有接受它們，在該經驗以後，卻重新被宗教深深感動。也有人說，雖然他們讀過像是聖經之類的宗教經典，但是直到走過瀕死經驗，他們才真正了解經典裡的某些東西。

你所研究的那些經驗，對於來世的可能性有什麼重要意義？

在我所觀察的個案裡，沒有任何個案曾經暗示過來世。然而，我們也要記住，他們並沒有排除來世的可能。如果真有來世，那麼在脫離原來的身體和進入另一個身體的期間，似乎在另一個國度裡會有些插曲發生。因此，對於和死神擦身而過者的訪談技巧，再怎麼說都不會是研究來世的適當模式。

人們曾經以其他方法去探究來世的問題。例如說，有人使用「往事回溯」（far age regression）的技巧，對案主催眠，並且給他暗示說，他要在心裡依序回到生命裡的從前時光。當他回到當下的記憶所及的從前經驗，就會被要求繼續回到從前！於是他們開始細說很久以前或是遙遠的地方的前世。有些個案的故事，經查證居然絲毫不差，即使我們確定案主在正常情況下不可能如此清楚地知道他所描述的事件、人物和地點。其中最著名的例子，當屬布萊蒂．墨菲（Bridey Murphy）[1]，當然還有許多其他沒那麼著名的例子，有些甚至更加讓人動容且記錄詳實。想要探究該問題的讀者，可以參閱史蒂文生（Ian Stevenson, M.D.）的大作《二十案例示輪迴》（*Twenty Cases Suggestive of Reincarnation*）。值得注意的是，對於瀕死

1 譯注：催眠師伯恩斯坦（M. Bernstein）對一個家庭主婦露絲．西蒙（Ruth Simmons）（假名）催眠六次，她在深度催眠下用愛爾蘭腔的英語，敘述她在前世名為布萊蒂．墨菲的故事。伯恩斯坦將此經驗於一九五六年出版，名為《尋找布萊蒂．墨菲》（*The Search for Bridey Murphy*）。但是經過報紙查證，露絲．西蒙的真實姓名叫作維琴妮亞．泰伊（Virginia Tighe），住在芝加哥。她的嬸嬸瑪麗是愛爾蘭移民，曾對她說了許多愛爾蘭的故事。而她童年時一個鄰居就叫布萊蒂．墨菲，因此報紙懷疑所有前世的故事都是虛構的。

經驗的解說歷歷如繪的《西藏度亡經》說，在我的案主們提到的那些經歷以後的某個時間點，死者的確會轉世。

➤你是否曾經訪談過自殺者的瀕死經驗？如果有的話，是否有所不同？

我的確知道有若干看似「死亡」的個案是自殺造成的。他們的經驗都很不愉快。

有個婦人說：「如果你去世前是個痛苦的靈魂，你在那裡也會是個痛苦的靈魂。」簡言之，他們說，他們用自殺的方法想要逃避的衝突，在他們死後仍然存在，而且更加糾纏不清。在脫離身體的狀態裡，他們對自己的問題完全無能為力，而且他們必須眼睜睜看著自己的行為所造成的不幸後果接踵而至。

有個男子因為妻子身故而消沉沮喪，舉槍自盡，「死」而獲救。他說：

——我沒有到我太太所在之處。我到了一個很可怕的地方……我馬上就知道我做錯事了……我心裡在想：「真希望我沒有自殺。」

其他經歷過那個不愉快的「幽域」狀態的人也說，他們覺得會在那裡待很久。那是對於他們的「犯規」的懲罰，因爲他們試圖臨陣脫逃，規避他們的「任務」，也就是實踐某個生命目的。

這類的說法和其他「死因」不同的人們的敘述相互呼應，他們說，他們在該狀態時就被暗示說，自殺是非常不當的行爲，必須受到嚴厲的懲罰。有個在車禍後遭遇瀕死經驗的男子說：

（我在那裡的時候）隱約感覺到，有兩件事是完全禁止的，自殺和殺人……如果我自殺，那就是當著上帝的面擲還祂的禮物……而殺人則是干預上帝對於那個人的意旨。

在許多個別的說法裡，他們對我訴說的觀點完全符合古代神學和倫理學裡反對自殺的論證，例如聖多瑪斯（St. Thomas Aquinas）、洛克（Locke）、康德（Kant）的作品裡形形色色的論證。在康德眼裡，自殺是和上帝的意旨作對，成了造物主的叛徒。聖多瑪斯主張，生命是天主的禮物，拿回它是天主的特權，不是人類所能干預的。

然而，我不想於此對自殺提出任何道德判斷，只是忠實報導有此經驗的人們告訴我的事。我正在著手撰寫第二本關於瀕死經驗的書，將會仔細處理諸如此類的問題。

你是否有任何跨文化的個案？

沒有。我說我的研究不算「科學」，其中一個理由在於我所傾聽的個體並不是隨機抽樣的人。我會很有興趣聽到愛斯基摩人、瓜基烏圖印第安人（Kwakiutl Indians）、納瓦侯印第安人（Navahos）、瓦圖西人（Watusi）的瀕死經驗。然而，由於地理和其他因素的限制，我沒辦法找到任何關於他們的個案。

歷史上有關於瀕死現象的例子嗎？

就我所知是沒有。不過因爲我完全著眼於當代的個案，並沒有時間去細究該問題。所以說，如果在過去找到類似的說法，我也不會太意外。另一方面，我強烈懷疑這幾十年來的瀕死經驗遠多於從前，因為現在我們有先進的急救技術。許多在我們的年代裡被救回來的人，在以前可能都無法存活。對心臟注射腎上腺素、心臟電擊器、人工心臟和肺臟裝置，都是醫學進步的例子。

你曾經調查你的案主們的病歷嗎？

在可能的範圍裡，我做過。在我可以進行調查的個案裡，案主們的病歷都證實了他們的說法。在某些個案裡，由於年代久遠，或者是施行急救者已經去世，因而找不到病歷紀錄。

那些沒有病歷佐證的說法和找得到病歷的說法，並沒有什麼差別。在許多無法取得病歷的例子裡，我有其他人的見證，案主的朋友、醫師或親戚，他們可以證實的確有瀕死事件發生。

我聽說過，呼吸或心跳停止五分鐘以後，急救也沒用。但是你說你的某些個案「死了」將近二十分鐘。那怎麼可能呢？

我們聽到醫療實務裡的數值，大部分都是中間值或平均數，不能當作絕對值。我們經常聽到的五分鐘也是個平均值。五分鐘以後放棄急救，那只是個臨床經驗法則，因為在大部分的例子裡，超過那個時間，腦部就會因為缺氧而壞死。然而，由於那是個平均值，我們對於例外的情況也不會太驚訝。事實上，我看到某些個案，他們在呼吸停止二十分鐘後才接受急救，但是並沒有腦部受損的跡象。

那些人真的死了嗎？

這個問題之所以讓人困惑而難以回答，主要在於「死亡」一詞的語意問題。最近關於器官移植的爭議甚囂塵上，顯示我們對於「死亡」的界定仍然莫衷一是，即使是醫界亦然。別說是外行人和執業醫師，不同的醫院對於死亡的判準也都不一樣。因此，要怎麼回答這個問題，取決於「死亡」的意義為何。我們不妨逐一檢視三個定義，然後再做評論。

一、**「死亡」指的是沒有任何臨床可測得的生命跡象**。

有人會說，如果心跳和呼吸都停止了一段時間，血壓低到讀不出來，瞳孔擴散，體溫開始下降，那麼那個人就是「死」了。這是臨床的定義，無論是外行人或是執業醫師，已經沿用數百年。事實上，大部分被宣告死亡的人，都是以此標準爲基礎去判定的。

我研究的許多個案當然也符合這個臨床標準。醫師的證詞和病歷證據都可以充分支持案主在該意義下「死亡」的說法。

二、**「死亡」是指沒有任何腦波活動**。

由於科技的進步，我們開發出更靈敏的技術去偵測生命歷程，即使是那些無法以肉眼觀察到的跡象亦然。腦電波儀是一種擴大且記錄腦部微弱電位的裝置。最近的趨勢是，根據腦電波圖出現「平直」現象，判定腦部沒有電流活動，以此界定「眞實」死亡。

顯然在我研究的所有急救個案裡，都有極度的臨床緊急狀況。他們沒有時間裝設腦電波儀，臨床醫師關心的是怎麼將病人從鬼門關救回來。因此有人會說，那些案主不能被判定爲「死亡」。

但是假設許多被判定死亡而後復活的人們當時腦電波圖讀數呈現平直，那會有什麼幫助嗎？基於三個理由，我不認爲那能夠證明什麼。首先，急救處理都是在緊急狀況下，最多持續三十分鐘。而裝設腦電波儀是非常複雜而技術性的事，就算是非常熟練的檢驗師，通常也要花上一段時間才能得出正確的讀數。而在緊急狀況裡，大家一團混亂，出錯的機會或許更高一點。因此，即使聲稱有瀕死經驗的人們在當時的腦電波圖趨於平直，批評者仍然可以合理地說數值可能有誤。

其次，就算神奇的腦電波儀都裝置妥當了，也不能讓我們完全無誤地決定是否該施予急救。被救醒的人們，當時都被測到腦電波圖平直。而抑制中樞神經系統的藥物使用過量，或是體溫過低，都會導致該現象。

第三，即使我可以找到一個機器裝置妥當的個案，還是會有個問題。有人會說，瀕死經驗不一定是發生在腦電波圖趨於平直的期間，而是或前或後。所以我才會說，腦電波圖對於目前的研究沒有太多價値。

三、「死亡」是生命功能不可挽回的喪失。

有些人會採用更限縮的定義，主張說如果一個人到頭來被救醒，那麼無論是臨床上測不到生命跡象，或腦電波圖趨於平直的時間有多久，我們都不能說他曾經「死亡」。換言之，「死亡」是個不可能復活的身體狀態。根據這個定義，我的所有個案顯然都不符合，因爲他們都活過來了。

因此，問題的答案取決於「死亡」的意義是什麼。我們要記得，即使有部分的語意爭議，它仍然是個重要的議題，因爲三個定義都體現了重要的見解。事實上，我會支持第三種定義，最嚴格的那一個。即使在某些個案裡，案主的心跳停止了一段時間，身體的組織，尤其是腦部，大部分時間應該都有灌流（供給氧氣和點滴）。我們不必認定那些個案違反任何生物學或生理學的法則。病患要能夠甦醒，身體細胞裡必須殘存著若干生物活動，即使我們無法以臨床方法測得關於它的明顯跡象。然而，我們目前似乎無法確定什麼是不回歸點。或許是因人而異，可能不是一個固定不變的點，而是一個會移動的範圍。其實，如果早個幾十年，我所訪談的那些人很可能活不了。在未來，拜科技之賜，現在我們救不回來的人，那時候或許能夠救回來。

因此，我們不妨假設死亡是指心靈脫離身體，而在那個時間點，心靈還沒有進入其他存在國度。於是我們可以推論說，應該有個機制，讓心靈或靈魂在死亡時脫離身體。但是我們沒有理由推斷說，該機制的作用完全符合我們在這個年代裡任意認定的不回歸點。我們也不必假定它在每個例子裡都功能正常，正如我們不能期待每個身體系統都運作完美。或許該機制在任何生理危機到來以前就出現了，而讓某些人得以窺見另一個實在界。這有助於我們解釋，爲什麼有些人早在任何身體傷害以前，當他們覺得自己就要死了，他們一生的種種畫面會重現，而他們也會有脫離身體的經驗。

我最後要說的是：無論所謂的死亡的不回歸點是什麼，無論過去、現在或未來會如何定義，我的訪談對象比他們周遭大多數的人都更接近那個點。光是這個理由，就足以讓我好好聽他們怎麼說。

歸根究底，在我們的討論脈絡裡，對於「死亡」的定義吹毛求疵是沒有意義的，無論是不回歸點或是其他什麼。對於瀕死經驗嗤之以鼻的人，他們在意的是更根本的東西。他們會主張說，只要身體有殘存著生物活動的可能性，那麼該活動就可能導致（並且解釋）該經驗的產生。

而我也承認，在所有個案裡，他們的身體都殘存著某些生物功能。因此，他們究竟是不是「眞實」死亡，就可以歸結到更基本的問題，也就是殘存的生物功能是否能夠解釋那些經驗的產生。換言之：

▼有沒有其他可能的解釋（也就是說除了死後的生命）？

這就是我們下一章要探討的主題。

第五章

諸家解釋

讓我們以開放的角度去審視，
或許瀕死經驗是個全新的現象，
對此，我們需要設計新的說明和詮釋的模式。

關於瀕死經驗，當然還有其他「解釋」。其實，從純粹哲學的觀點就可以建構無數的假設，去解釋任何經驗、觀察或事實。也就是說，只要人們想解決什麼東西，永遠可以編造出各種理論上可能的解釋。瀕死經驗亦復如是，各種可能的解釋眾說紛紜。

在所有理論上可能提出的解釋裡，有些是我在演講時聽眾經常提到的。因此我在這裡要探討比較常見的解釋，以及我沒有聽他們提過、卻也很普遍的解釋。我有點隨興地將它們區分為超自然的、自然的（科學的），以及心理學的解釋。

超自然的解釋

超乎尋常的，我的聽眾當中，有人對於瀕死經驗提出怪力亂神的解釋，認為該經驗無疑是邪惡力量所致。在回應這類的解釋時，我只能說，要分辨那個經驗是上帝的引領或是撒旦的誘惑，最好的方法就是案主在經驗之後的言行。我想上帝會要祂顯聖的對象懂得去愛和寬恕。撒旦則會要他的僕人走向恨和毀滅的道路。顯然的，我的案主們甦醒以後都重拾上帝的道路，而厭棄撒旦的道路。就一個假設性的魔鬼為了哄騙他無助的受害者（哄騙他們要做什麼呢？）而必須操弄的所有詭計而言，撒旦顯然是一敗塗地，完全無法鼓舌如簧地引誘人們入其彀中。

自然的（科學的）解釋

一、藥理學的解釋

有人認為，瀕死經驗是對於危險期病患投以治療藥物所致。該論點看似合理，其實是基於以下的若干事實。例如說，醫界科學家和外行人都一致認為，某些藥物會誘發妄想和幻覺的心理狀態和經驗。再者，在我們的年代裡，人們非常關注藥物濫用的問題，麥角二乙胺（LSD）、大麻和其他藥物的非法使用是輿論的焦點，它們似乎都可能造成幻覺的經歷。最後，即使是醫學認可的藥物，也都有在心智上造成各種類似死亡經驗的副作用。例如說，氯胺酮（ketamine）或環己酮（cyclohexanone）是靜脈注射的麻醉劑，其副作用在某些層面上很類似脫離身體的經驗。它被歸類為「解離型」麻醉劑，因為在第一次使用期間，病患不僅失去痛覺，也對整個環境喪失反應。他會覺得和環境「解離」，包括他的身體部位，腳、手臂等等。痊癒一陣子以後，或許會殘留某些心理症狀，例如幻覺以及和現實分不清的夢。（和某些人在形容脫離身體的感覺時所說的「解離」不同。）

尤有甚者，我蒐羅了若干人的說法，他們在麻醉期間顯然有所謂幻覺型的死亡異象。茲舉一例。

當時我才十二、三歲，我到牙醫診所去補牙，他給我吸了一氧化二氮。我很緊張，因爲我很害怕再也醒不過來。麻醉劑生效時，我覺得天旋地轉。那不像是我自己在轉動，而像是牙醫的椅子螺旋式地向上轉，一直上升。我到了螺旋頂端，一切事物如此皎潔明亮，天使們從天而降，把我接到天堂去。雖然模糊不清，但是我確定天使不只一個。不過我說不上來有多少個。在某個時刻，我聽到醫師和護士在交談，但是他們才說完一句話，我就記不得他們在說什麼。我知道他們在聊天，他們的說話聲在四周迴響。回聲傳得很遠，好像在層巒疊嶂當中。我記得自己是從上方聽著他們在講話，因爲我覺得自己往上飄，正要到天堂去。

這些就是我記得的，此外，死亡的念頭並沒有讓我害怕或慌張。那時候的我會害怕下地獄，但是在那個經驗裡，我心裡很清楚自己會上天堂。後來我很驚訝死亡的念頭居然沒有困擾我，但是我終於明白，那是因爲我的麻醉很順利。整個過程都很開心，因爲笑氣讓我無憂無慮。我想原因應該就是它。整件事很模糊。後來我也不再多想。

我們要注意的是，這個經驗和那些被案主信以爲眞的其他經驗之間有若干相似之處。這位女士提到耀眼的白光，遇到其他存有者來接她到另一個世界，而且不會害怕死亡。此外，也有兩個面向可能暗示著靈魂出竅的經驗：她記得從高處聽到牙醫和護士在交談，而且她覺得在「飄浮」。

另一方面，這個故事的其他細節不太像是眞正的瀕死經驗。那耀眼的白光沒有人格化，她也沒有難以言喻的平安和幸福的感覺。她關於死亡世界的說法太過寫實，而且她說那和她的宗教信仰很一致。她說她遇到的存有者是「天使」，她說她要去「天堂」，就在那「上頭」。她說她沒有看到自己的身體，也不在任何其他身體裡頭，而且她明顯覺得是牙醫的椅子在旋轉，而不是她自己。她一再強調她的經驗很模糊，而且那無疑沒有影響到她對死後生命的信仰。（事實上，她懷疑肉體死亡後是否有生命。）

在比較顯然是由藥物導致的經驗以及眞正的瀕死經驗，我們要注意幾點。首先，少數對我描述其「藥物」經驗的人們，和描述「眞正」的瀕死經驗的人們相比，其實都一樣浪漫、想像力豐富、聰明，情緒也同樣穩定。其次，這些藥物導致的經驗都非常模糊。第三，他們的故事彼此之間南轅北轍，也和「眞正」瀕死經驗的所見所聞大異其趣。我應該說，在篩選「麻醉」類型的經驗時，我已經刻意找那些和「眞正」的經驗**最相似的個案**。所以我會說，一般而言，這兩種類型的經驗其實差別很大。

再者，有更多其他因素可以反駁對於瀕死現象的藥理學解釋。最重要的因素僅僅在於，在許多個案裡，在該經驗以前，他們並沒有使用任何藥物，在某些個案裡，甚至在瀕死事件以後也沒有使用任何藥物。事實上，許多人跟我強調說，他們的經驗顯然都發生在任何藥物治療之前，甚至在該經驗發生很久以後，他們才得到醫療照護。即使是在某些例子裡，他們在瀕死事件期間接受藥物治療，不同的病患所用的藥物也相去甚遠，從阿斯匹靈、抗生素、腎上腺激素，到局部麻醉或吸入性全身麻醉。大部分藥物都沒有中樞神經系統或心理狀態的副作用。另外，必須一提的是，無論是完全沒有用藥，或是接受各種不同的藥物治療，他們所敘述的經驗並沒有什麼差別。最後，我要順便一提，有個婦人前後幾年當中，在不同的情況下「死亡」兩次，她認爲第一次之所以沒有那種經驗，就是因爲她在麻醉狀態裡。而第二次，她沒有接受任何麻醉藥物，卻有了一個非常複雜的經驗。

現代藥理學的假設裡有一個觀念，也是我們社會裡許多外行人會接受的觀念：認爲精神藥物在使用上都會產生精神方面的副作用。因此，這些心理事件會被認爲是「不眞實」、「幻覺」、「妄想」或「憑空想像的」。但是我們要記得，這個看法並沒有普遍被接受；關於藥物及其使用時的經驗之間的關係，還有其他的看法。我指的是所謂「致幻性」藥物的神祕性和試探性的使用。長久以來，人們依賴這些精神藥物去探索另一個意識狀態和實在界國度。（關於這種藥物使用的當代精闢論述，見安卓．威爾〔Andrew Weil, M.D.〕的《自然心靈》〔*Natural Mind*〕。）因此，藥物使用在歷史上不僅是在醫療方面，也和宗教以及證道有關。例如說，在美國西部印第安人間盛行的佩奧特教（peyote cult）裡，人們會吸食佩奧特仙人掌（含有三甲氧苯乙胺），以得到宗教異象和開悟證道。世界各地都有類似的宗教，信徒們都相信，他們使用的藥物可以讓他們走到另一個實在界次元。如果他們的觀點是正確的，那麼我們就可以假設，藥物使用只是開悟證道或發現另一個實在界國度的進路之一。因此，死亡經驗也是另一條進路，這有助於解釋藥物經驗和瀕死經驗的相似性。

二、生理學解釋

生理學是生物學的一支，研究生物的細胞、器官和整個身體的功能，以及這些功能的相互關係。我所知對於瀕死經驗的生理學解釋是，在臨床死亡的狀況下，腦部缺氧，身體的應激反應加劇，他們所知覺到的現象應該代表著腦死前最後的補償性喘息。

該假設最主要的謬誤在於：只要檢視先前關於瀕死經驗的說法，我們就知道，許多瀕死經驗發生在那種類型的生理應激反應之前。事實上，在某些個案裡，他們的身體根本沒有任何損害。然而，無論是受重傷或是沒有任何損傷的個案，瀕死經驗的每個元素都一樣會出現。

三、神經醫學的解釋

神經醫學是一門醫學專科，研究神經系統（腦部、脊髓和神經）疾病的成因、診斷和治療。類似瀕死經驗的現象也會在某些神經醫學上的狀態看到。因此，有人或許會就臨終者神經系統功能失常的觀點，對瀕死經驗提出神經醫學的解釋。我們不妨從死亡經驗裡兩個顯著的事件，去看看神經醫學的附會之說：臨終者在一瞬間「回顧」其一生，以及脫離身體的現象。

我遇過一個在神經醫學科病房裡的病患，他形容說，當他看到從前生活點點滴滴重現眼前，有一種奇怪的症狀發作。

那畫面第一次出現時，我看到我的朋友走過病房。他的右臉有點扭曲。突然間，往事的種種場景闖入我的意識，和當時一模一樣，歷歷如繪，顏色鮮明，而且是立體的。我覺得噁心想吐，驚駭不已，很想轉頭不要看到那些影像。它們陣陣襲來，我也學會隨它們去。我只能說它們就像是新年的電視影片。那一年的往事場景在螢幕上一閃而逝，你甚至來不及回想它。它們就是這麼發作的。我會看到某個東西心想：「啊，我記得它！」但是當我試著留神思考它的時候，就跳到下一個畫面了。那些影像是眞實發生過的事，沒有任何剪輯修飾。但是當它閃過以後，我很難記得我看到什麼影像。有時候是和從前一樣的影像，有時候則不同。它們出現時，我記得：「啊，我以前看過它們。」但是當它們消失時，我幾乎什麼也不記得了。它們不像是我生命裡特別重要的事件。其實它們都不算是。都是一些雞毛蒜皮的小事。它們只是隨機地出現，沒有依照任何順序，更不是依照在我生命裡的時序。當畫面映現時，我還是可以看到我身邊發生什麼事，但是我的意識作用降低了，不再那麼敏銳。就好像我一半的心都專注在那些畫面，另一半才注意到我在幹什麼。看到我發作的人們說那大概只有一分鐘之久，但對我而言像是一輩子的事。

這些症狀的發作有些明顯的相似性，它們都是腦部的某個刺激來源所致，也都有我所訪談的瀕死經驗的案主所說的全景式回憶。例如上述這名男子症狀發作時所看到的畫面，就清晰得難以置信，而且是立體的。再者，他是無意間看到那些畫面的。他也說那些畫面瞬間即逝，他還強調在發作期間的時間感的扭曲。

另一方面，它們當中也有明顯的差異。不同於瀕死經驗，記憶畫面沒有依照他一生的時序出現，也不是一次看到整個人生的影像。它們不是他一生當中的大事；他強調那都是些瑣事。因此，那些畫面不是爲了審判或啓示才呈現在他面對的。許多有過瀕死經驗的案主指出，他們在「回顧」時，比以前更加清楚且仔細地記得種種前塵往事；而這個男子則是說，在症狀發作結束以後，他什麼畫面都不記得了。

關於脫離身體的經驗，神經醫學上有個所謂「自見幻覺」（autoscopic hallucinations）的類比，盧基安諾維奇醫生（Dr. N. Lukianowicz）在醫學期刊《神經醫學和精神醫學檔案》（*Archives of Neurology and Psychiatry*）裡有一篇大作即以此爲題。在那些詭異的影像裡，案主看到他自己投影在自己的視野裡。這個怪異的「分身」無論是表情或肢體動作都酷似它的本尊，當他突然看到自己的影像自遠方筆直走來，他完全嚇呆了，不知如何是好。

儘管該經驗和前述脫離身體的經驗有明顯的相似之處，但是他們的差異性卻比相似性大得多。那個自見的幻影看起來總是栩栩如生，甚至比他自己更加生動活潑而意識清楚。但是在脫離身體的經驗裡，整個身體看似某個無生命的東西，就像個軀殼而已。自見幻覺的案主可能會「聽到」他的分身跟他說話，給他指示，嘲笑他等等。在脫離身體的經驗裡，整個身體都看得見（除非被什麼東西遮住），而自見幻覺的分身則經常只能看到胸部或頸部以上。

其實，相較於臨終者看到的身體，我所謂的靈體更像是自見幻覺的複製品。自見幻覺的分身儘管有時候是彩色的，但是更多情況被形容為虛無縹緲的、透明的，沒有顏色的。事實上，案主看到他的影像穿過大門或其他障礙物。

我在這裡舉一個我所聽到的自見幻覺的說法。它的獨特之處在於同時涉及兩個人。

那是在我和太太結婚的兩年前，某個夏夜，約莫晚上十一點。我開著敞篷跑車載她回家。我將車停在她家前面昏暗的街上，我們兩個不約而同地抬頭看到我們自己自腰部以上的巨大影像，它們並肩而坐，就在前方幾百英呎的對街樹上。我們都嚇一跳。那影像很暗，幾乎就像剪影一樣，我們完全看不清楚，但是它們的確和我們一模一樣。我們一下子就認出來，它們就是我們自己。它們左搖右晃，但不是在模仿我們的動作，因為我們只是靜靜坐著看它們。它們做的事情如下：我的影像拿起一本書，讓我太太的影像看書裡某個地方，她靠了過去，仔細地看著書。

我們坐在那裡，我告訴我太太我看到的景象，告訴她那兩個影像在做什麼，而我太太也看到我說的一切。接著我們對調，由她告訴我她看到它們在做什麼，而我所看到的果然完全一樣。

我們坐了很久，起碼有三十分鐘，看著它們並談論我們所看到的，彷彿可以這樣看一整夜。但是我太太得進屋子去，最後我們一起走上台階到她家門口。我回頭走下台階，又看到那兩個影像，我開車離開時，它們還在那裡。

那不可能是擋風玻璃上的映像，因爲我們將車篷放下來，一直都是從擋風玻璃上方看著它們。而且我們也都沒有喝酒（我們直到現在都滴酒不沾），而在那三年以後，我們才聽說過什麼麥角二乙胺之類的迷幻藥。當時儘管已經很晚了，我們卻不覺得疲倦，所以應該不是在睡夢中。當我們看著那影像且彼此交談時，我們非常清醒、留神、驚訝而且興奮。

當然，自見幻覺在某些方面有點像瀕死經驗裡的脫離身體的現象。然而，即使我們著眼於它們的相似性，完全忽略其差異，自見幻覺的存在也不能解釋脫離身體的經驗的發生。理由很簡單，因爲對於自見幻覺也沒有任何合理的解釋。不同的神經醫學家和精神醫學家提出許多相互矛盾的解釋，他們繼續吵個不停，沒有任何理論獲得普遍接受。因此，試圖將脫離身體的經驗解釋成自見幻覺，只是用一個困惑取代一個謎團而已。

關於瀕死經驗的神經醫學解釋的討論，還有一個相關的問題。在某個個案裡，我發現案主在瀕死經驗以後有殘留的神經問題，身體一側的一小群肌肉有局部癱瘓的輕微缺陷。雖然我持續探究在瀕死經驗以後是否會有任何殘留的缺陷，那卻是我唯一找到的神經損害的例子。

心理學的解釋

心理學始終不像其他現代科學那樣嚴謹且精確。心理學家們各屬不同的學派，分庭抗禮，對於心的存在和本質，有相互衝突的觀點、研究進路，以及基本理解。因此，關於瀕死經驗的心理學解釋，依其學派的不同而天差地遠。我不想檢視每一種可能提出的解釋類型，只著眼於大眾經常提及的若干解釋，以及一個最吸引我的解釋。

我以前討論過兩個一般會提到的心理學解釋類型，它們假設那些說法不是有意識的說謊，就是無意識的渲染虛構。在本章裡，我要探討另外兩個解釋。

一、隔離研究

在所有關於我的研究的公開演講裡，沒有任何人提到基於隔離研究結果的瀕死經驗解釋。然而，就在這個最新而且迅速成長的行爲科學裡，他們在實驗的控制下研究，並且得出和死亡經驗的各個階段最接近的現象。

隔離研究是關於在某方面被隔離者的身心狀態的研究；例如說，斷絕和其他人的所有社會接觸，或是長期從事單調而重複的工作。

這類情境的研究資料可以由若干方式蒐集。單獨探險極地的人，或是船難唯一的生還者，他們的文字記錄包含了許多資訊。幾十年來，研究者試圖在實驗的條件下探討類似的現象。有一個眾所周知的技術，就是讓志願者在和體溫相同的水槽裡漂浮，將他的重量感和時間感降到最低。他戴上眼罩和耳塞，以加強黑暗和隔音的效果。他的手被束縛在管子裡而動彈不得，因此失去了許多關節運動和位置的正常感覺。

在各種隔離狀況下，有些人會經驗到超乎尋常的心理現象，其中有許多現象非常類似我在第二章所概述的瀕死經驗。有個長期獨居在荒涼北極的婦人，提到關於一生往事的全景式畫面。遇上船難的水手獨自在小船裡待了好幾個禮拜，他描述獲救的幻覺，有時候甚至是鬼魂或靈魂之類的超自然存有者來救他。這有點像我的許多案主遇到的光的存有者或是已經去世的靈魂。還有其他瀕死現象也會出現在隔離經驗裡，例如：時間感的扭曲、感覺有一部分脫離身體、拒絕回到文明、遺世獨立、感覺和宇宙「合而爲一」。此外，因爲船難或類似意外事件而被隔離的人們說，在那種情境下度過了幾個禮拜以後，當他們回到文明後，價值觀完全改變。他們或許會說，在那以後，他們覺得內心更安穩。這種人格狀態的重整和許多死而復甦者的說法顯然很類似。

同樣的，臨終情境的某些層面相當符合在隔離經驗和研究裡所發現的特徵。瀕臨死亡的病患經常被隔離並固定在恢復室，經常在聲音和光線都減低的環境裡，也沒有訪客。有人或許會懷疑，肉體死亡時的生理變化是否會產生一種極端的隔離，導致腦部的感覺輸入完全被阻斷。再者，一如我們先前詳細討論的，許多瀕死病患告訴我，當他們脫離身體時，隔離、孤單、斷絕和人群的接觸等那些痛苦感覺都會紛至沓來。

我們當然也找得到某些不明確的個案，它們很難清楚被歸類爲瀕死經驗或隔離經驗。例如說，一個重症病患告訴我他在醫院裡的故事。

我在醫院病得很重，躺在那裡的時候，我不斷看到許多畫面出現，就像是電視螢幕一樣。都是一些人的畫面，我看到一個人從遠方朝著我走來，和我擦身而過，接著會有另一個人出現。我很清楚我在醫院而且生病，我開始搞不清楚怎麼回事。有些人我認識，他們是我的朋友和親戚，其他人則不認識。我突然間想到，我認識的那些人都已經死了。

或許有人會問，該如何歸類這個經驗，因爲它有些地方既像是瀕死經驗，又很類似隔離經驗。和瀕死經驗一樣，他也和死去的靈魂的相遇，但是除此之外，沒有其他類似瀕死經驗的現象發生。有趣的是，在某個隔離研究，一個案主在隔離室裡獨自待了一陣子之後，描述某些幻覺，說他看到某些名人的影像從眼前飄過。那麼上述的經驗是要歸類爲因爲病重而產生的瀕死經驗，或是基於健康狀態必須待在封閉空間裡而導致的隔離經驗？或許我們並沒有絕對的判準可以將每個這樣的經驗歸類在哪一個範疇裡。或許總會有些不明確的個案。

儘管有部分的相同點，隔離研究的結果仍然不足以就瀕死經驗提出一個合理的解釋。首先，目前沒有任何理論可以解釋隔離狀態下各種不同的心理現象。訴諸隔離研究去解釋瀕死經驗，一如以自見幻覺去「解釋」脫離身體的經驗，只是用一個謎去替代另一個謎而已。因為對於在隔離狀態下產生的幻覺的本質，有兩種相互衝突的看法。有人無疑地認爲那是「不眞實的」、「幻覺的」，然而在整個人類歷史裡，神祕主義者和薩滿卻經常在曠野裡獨處，以追求證道或啓示。孤獨有助於精神的重生，這個觀念是許多文化的信仰體系裡的重要元素，也反映在許多偉大的宗教作品裡，包括聖經。

儘管這個觀念對於現代西方的信仰結構而言有點陌生，但是在我們的社會裡也有許多擁護者。從事隔離研究最有影響力的先驅，約翰．立利醫師（John Lilly, M.D.）最近寫了一本書《暴風眼》（*The Center of the Cyclone*），那是一本屬靈自傳。他在書裡明白指出，他覺得自己在隔離狀態下的經驗是啓蒙和洞見的眞實經驗，完全不是「不眞實」或「妄想的」。同樣耐人尋味的是，他提到自己的瀕死經驗，和我所研究的那些個案若合符節，而他將其瀕死經驗和隔離經驗放在同一個範疇。因此，除了迷幻藥和臨終經驗，隔離也是進入新的意識國度的方法之一。

二、夢、幻覺和妄想

有人會說，瀕死經驗或許只是願望滿足的夢、想像或幻覺，由各種不同因素產生，可能是藥物，也可能是腦部缺氧，隔離則是其中一個因素。於是他們會將瀕死經驗解釋爲妄想。

對此可能會有幾個反駁的理由。首先，我們要考慮到各種說法之間在內容和過程方面極大的相似性，儘管他們一般性的說法顯然和我們的文化氛圍對於死亡情境的想像有些出入。此外，我們發現，由那些說法形成的死亡畫面和古代祕教作品所描繪的景象如出一轍，而我的訪談對象們根本不知道有那些古代作品。

其次，我的案主們沒有一個是精神病患，那也是個事實。他們的情緒穩定得讓我訝異，都是在社會上各司其職的正常人。他們都有相當的工作和職位，也都很認眞負責。他們的婚姻美滿，和親友們往來密切。我所訪談的對象除了生死大事以外，一輩子幾乎不曾遇到什麼神祕經驗。更重要的是，他們都分得清楚夢境和清醒的經驗。

尤其甚者，他們關於自身瀕死經驗的說法並不像是夢境，而是眞實發生的事。他們在講述過程當中一再向我保證說，他們的經驗不是夢，而是千眞萬確的。

最後，關於脫離身體的場景的某些說法，其實都有若干獨立證據。儘管我答應不會講出他們的姓名或細節，但是我的所見所聞無不讓我舌撟不下而拍案驚奇。我認爲只要有系統地探究瀕死經驗，任何人都會發現這種奇怪而明顯的獨立證據。至少，我相信他會發現足夠的事實，讓他懷疑瀕死經驗根本不是夢境，而且或許並不屬於多麼不同的範疇。

作爲結語，我想指出，所謂的「解釋」並不只是抽象的知識體系。在某個方面，它們也是解釋者的自我投射。對於所採用的科學解釋的典範，人們會有情緒上的執著。

我在多次演講中談到我所整理的瀕死經驗的故事，也遇到某些解釋類型的擁護者。腦袋裡都是生理學、藥理學或神經醫學的人們，總是認爲他們的解釋方向彰明較著，再清楚不過了，即使有些個案和他們的解釋有所牴觸。信奉佛洛伊德理論者喜歡以「主體的父親的投射」去看事情，而榮格（C.G. Jung）的信徒則是言必稱「集體無意識的原型」，凡此種種，沒完沒了。

我要再次強調，對於一切現象，我不想提出任何屬於自己的新解釋，但是我也說明了爲什麼我覺得某些解釋有疑義。其實，我想說的只是：讓我們以開放的角度去審視，或許瀕死經驗是個全新的現象，對此，我們需要設計新的說明和詮釋的模式。

第六章

感　言

未知死，焉知生，
在我們得以一窺彼岸世界以前，
是無法完全理解此生的意義。

我在寫這本書時心裡很明白，我的目的和觀點很可能被人誤解。尤其要對那些以科學馬首是瞻的讀者說，我很清楚我的作品算不上是科學研究。對於我的哲學家同儕們，我要說，我沒有「妄想」要提出任何關於死後生命的證明。要完備地探究這些問題，需要討論許多技術性細節，那會超出本書的範圍，因此我僅僅概述如下。

在諸如邏輯、法律和科學的專門研究裡，「結論」、「證據」和「證明」，都是技術性語詞，其意義比它們在一般用語裡要複雜得多。在日常語言裡，那些語詞的用法非常寬鬆而不精確。只要翻一翻那些譁眾取寵的大眾雜誌，就會看到他們經常拿一些荒誕不經的故事，去「證明」某些站不住腳的主張。

在邏輯裡，從一組前提可以推論出什麼或不可以推論出什麼，那不是隨便說說的，有各種規則、準則和定律嚴格而精確的界定。如果有人說他得出一個「結論」，言下之義是說，任何由相同的前提開始推論的人，一定會得出和他相同的結論，除非他犯了邏輯謬誤。

以上說明爲什麼我不想從我的研究得出「結論」，爲什麼我不想從死後生命的古老學說建構出一個證明。然而，我認爲那些瀕死經驗的說法非常重要。我只是想要找到一個折衷的詮釋方法，既不會因爲它們無法構想科學或邏輯證明就嗤之以鼻，也不會因爲無知地以爲它「證明」了死後生命的事實而大肆渲染。

至於我們現在無法建構一個「證明」，或許不代表瀕死經驗本身本質的限制。或許那反而可能是現有的科學和邏輯思考的限制。將來的科學家和邏輯學者的觀點或許會大不相同。（我們也要記得，在歷史上，邏輯和科學的方法學從來不是固定而靜態的系統，而是不斷成長且動態的歷程。）

因此，我不想留下什麼結論、證據或證明，而是沒有那麼明確的東西——有待解釋的感覺、問題、類比和讓人費解的事實。其實，或許你們應該問的是，那些研究對我個人有什麼影響，而不是我從研究的基礎得出什麼結論。而我只能回答說：看到人們講述他們難以用筆墨形容的經驗，我覺得相當震撼。對他們而言，他們的瀕死經驗是非常眞實的事件，和他們一起研究以後，那些經驗也成了對我而言眞實不妄的事件。

不過我知道那只是心理的考量，而不是邏輯的思考。邏輯是大眾的事，而心理的考量則沒有那麼大眾。相同的環境對每個人的影響和改變可能不盡一致。那涉及個人的習性和性格，而我不想暗示說，別人對那些研究的反應一定會和我一樣。讀到這裡，或許有人會問：「如果對於這些經驗的詮釋到頭來都是主觀的，那麼還研究它們幹什麼？」我只能再次指出人類對死亡的普遍憂懼，或許那就是對以上問題的回答。我相信對於死亡的本質的任何探究都是好事。

無論各行各業的人，或是學術圈，對於這個主題都有待啓蒙。對它有所認識，醫師才能照顧臨終病人的恐懼和希望，牧師才能幫助別人面對死亡。心理學家和精神科醫師也需要知道，因爲如果他們要爲情緒障礙的治療設計可行且可信的方法，就必須知道心是什麼，它是否可以離開身體而存在。如果不行，那麼精神治療就會完全轉向物理方法，藥物、電擊治療、腦部手術，諸如此類的。另一方面，如果心靈可以離開身體而存在，是靠自己的力量存在的東西，那麼精神疾病的治療終究必須改弦易轍。

然而，它涉及的不只是學術和醫療專業的問題。它更涉及深層的個人問題，因爲我們對於死亡的認識，會對我們安身立命的方式產生重大的改變。如果我所討論的這種類型的經驗是眞實的，那麼它們對於我們每個人如何面對生命而言，就會有深遠的意義。因爲，如此一來，我們就必須說，未知死，焉知生，在我們得以一窺彼岸世界以前，是無法完全理解此生的意義。

後記

二十一世紀的瀕死經驗

關於人類意識在生死關頭的超自然現象的探究，接下來要往哪兒走？《死後的世界》的改版重新發行，讓我有機會概述我的研究的三個發展。

首先，現在我們都知道，大家耳熟能詳的瀕死經驗，只是和死亡以及臨終有關的另類意識狀況的光譜的一部分。最有趣的是，光譜中包括我所謂「移情性的死亡經驗」（empathic death experience）的驚人現象。

陪伴臨終者的人們，經常會移情性地感受到臨終者的死亡經驗。數百個了不起的人們，各自有其生活經歷，卻一致告訴我，當心愛的人去世時，他們離開自己的身體往上飄，和他們心愛的死者一起迎向美麗而慈愛的光。他們也說看到已經去世的親友前來歡迎死者。事實上，一般定義爲瀕死經驗的所有元素，在移情性的死亡經驗的說法裡都出現了。

相關的人口統計因素，會使得移情性的死亡經驗有高低起伏。一九七三年我從我的醫師教授那裡第一次認識到該現象，她跟我談到她自己的經驗，她的一個近親猝死，而她對他進行的急救失敗了。在嬰兒潮時期出生的數千萬人，現在都步入中年，在那個生命階段裡，人們經常要面對父母親和其他親人的死亡。同時，醫院對於臨終病患的照護也有重大的改變。我在念醫學院時，當病人死亡時，在場的一般而言都是醫師和護士。醫護人員會介入到最後，請家屬在病房外等候，他們的理論是，眞正的死亡對家屬而言太震撼了，怕他們無法承受。而現在醫師和護士在實務上則會鼓勵家屬陪伴病患走完最後一程。加上有一大部分的人口現在要面對生死大事的問題，在未來幾十年裡，移情性的死亡經驗可望成爲研究的主要題目。

其次，我已經研發且測試一個系統，讓人們可以安全無虞地親身見證瀕死經驗的主要元素。尤其是和死神擦身而過的人們總會說，他們在那段期間看到死去的親友的靈魂並且和他們交談。醫學研究也證明，有相當比例精神狀態正常的人，在守靈時看到死去的親人顯靈。

無論是在瀕死經驗或喪親的背景下，死者的顯靈都有助於家屬走出喪慟的歷程。因此，人們也會很想知道，在古代世界裡有各種儀式，可以讓人在意識清醒的狀態下看到死者全身的、有動作的、立體的靈魂並且和它們交談。

我研究了古希臘關於招魂儀式的文獻和考古遺址，知道怎麼如法炮製。我指導過好幾百個人進行那些儀式，讓他們和死去親人的靈魂見面。

讓我驚訝的是，參與儀式的人都認為他們眞的和死者接觸，一點也不懷疑其眞實性。更重要的是，參與者說那些接觸治療了他們解不開的喪慟。自從我在一九九二年首次公開我的研究成果以來，世界各地的心理學者不約而同都證實了我的研究。最近，一所心理治療師的大型訓練中心的研究員也採用了我的招魂方法。加州超個人心理學研究所的師生複證我的最初研究，得到相同的結果。由於篇章所限，我無法細說這個方法，有興趣的讀者請參閱拙著《團聚》（*Reunions: Visionary Encounters with Departed Loved Ones*）。

總而言之，現在已經有可靠的方法，讓人們可以看到死去的親友並且和他們交談。我一生都在為喪慟的人們作諮商，總是聽到他們猶如咒語一般喃喃說道：「但願老天多給我五分鐘跟他說我沒有機會說的話：再見，我愛你。」我相當有信心地說，我可以再給喪慟者五分鐘。

第三，我在《死後的世界》裡的所有評論，只是我自從一九六三年以來的研究計畫的一小部分。多媒體自學程式的產生讓該計畫到達巔峰，它引導少數參與者安全地到達另一個世界，然後回來，讓他們將在「彼岸」的經驗寫下來。這個研究的結果是形成一個小圈子，他們的地位很特別，可以將死後世界的概念形諸文字，作爲理性研究之用。

我知道我在這裡首次宣告的工作，在此後幾年裡，會在熱中於超自然現象的研究者之間引起熱烈討論。那聽起來當然相當不可置信，怎麼會有個方法讓人到另一個世界看一下子，然後又安然回到人間。然而，我的確知道方法，也會胸有成竹地爲我的主張辯護。

那意味著至少有科學的方法可以證明有死後的世界嗎？沒有，但是它意味著關於死後世界的觀念立足於更穩固的基礎上。該工作的新方法也預告了對於瀕死經驗以及其他人類意識的超自然現象的理解，將會有重大的進展。我計畫出版一本書，介紹我的新工作：《胡言亂語的智慧》（*The Wisdom of Nonsense: How to Prepare for Your Near-Death Experience*）。

我預期在二十一世紀，在柏拉圖探討死亡的作品的兩千三百年後，對於死亡的理性了解會有長足進步。瀕死經驗本來就幾乎對每個人都有極大的吸引力，它也是媒體經常炒作的話題。很遺憾的是，關於該主題堆積如山的作品，就我所知，有許多是自我吹噓者虛構的，他們不是憤世嫉俗地譁眾取寵，就是要從中漁利，而不是眞正地探究知識。

對我而言，利用人們對於瀕死經驗的關注去牟取暴利，是一個個人的悲劇。在一整個禮拜的工作裡，我看到許多人走出喪親之痛。我知道他們渴望看一些關於死後世界的書以尋求慰藉。看到他們被那些爲了牟利而非眞理才對該主題有興趣的人剝削，我覺得很難過。有鑑於此，出版商要我列一張我個人認爲關於瀕死經驗可信且合理的出版品清單。

關於該主題，有一本重要著作，那就是喬治・里奇（George Ritchie, M.D.）的《註定要回來》（*Ordered to Return: My Life After Dying, Hampton Roads Publishers*）。我在一九六五年聽到里奇醫師的見證，啓發我開始從事《死後的世界》裡所說的研究。里奇醫師是我見過最好的人。一九五〇年代，他公開他的瀕死經驗。在當時，需要有很大的勇氣才能談這個主題。可想而知，他遭受許多揶揄和駁斥。在那段期間，他啓發了我，以及數以千計在他漫長的行醫生涯當中幫助過的人。

另外，康乃狄克大學榮譽退休教授肯尼斯．林恩（Kenneth Ring）的書也值得一讀。他在一九八〇年出版的《死亡時的生命》（*Life at Death*），是關於瀕死經驗第一部有系統的統計研究。後來他和莎倫．庫柏（Sharon Cooper）合著《第七感》（*Mindsight: Near-Death and Out-of-Body Experience in the Blind*），談到讓人訝異的個案：視障者在和死亡擦身而過而脫離身體期間，對其周遭環境有明顯的視覺經驗。

維吉尼亞醫學中心的布魯斯．葛雷森醫師（Bruce Greyson, M.D.）對於該現象的研究貢獻超乎群倫。葛雷森醫師編輯影響卓著的《瀕死經驗學報》（*Journal of Near-Death Experience*, New York: Human Science Press）達十五年之久。該期刊是關於這個主題的理性研究的發源地，由相關臨床和學術領域的專家們執筆。

麥爾文．摩斯醫師是西雅圖的小兒科診所醫師，就兒童的瀕死經驗寫了許多傑出的書和醫學期刊論文。他和保羅．培里（Paul Perry）合著的《死亡之光》（*Transformed by the Light: The Powerful Effect of Near-Death Experiences on People's Lives*）以及《跨過生死之門》（*Closer to the Light: Learning from the*

Near-Death Experience of Children）都值得推薦。

至於非常關心超自然和死後生命的問題的讀者，我想推薦我的新書《最後的勝利》（*The Last Laugh: A New Philosophy of Near-Death Experience, Apparitions, and the Paranormal, Hampton Roads Publishers*），書中提出關於超自然現象的全新研究進路，也得到該領域的同儕們的支持和鼓勵。

最後，我要衷心感謝《死後的世界》來自世界各地的讀者大眾，他們寫信給我，談到他們自己在死亡邊緣經驗到的改變生命的種種異象。我也要感謝數千名讀者寫信來跟我說，這本書在他們喪慟的時候給了他們啓發和安慰。

我很高興我可以說，我在這部作品裡提到的研究只是管窺蠡測而已。在不久的未來，關於死後生命的理性研究會有更驚人的進展。

雷蒙・穆迪，寫於二〇〇〇年九月

作者識

在我研究和著述期間，許多人給我幫助和鼓勵，如果沒有他們，我不可能完成這項計畫。我的好友約翰．歐茲（John Ouzts）說服我針對該主題發表公開演講。百舌鳥出版社（Mockingbird Books）的約翰．伊格（John Egle）鼓勵我將研究寫成書，並且一路支持和鼓勵我。李奧納多出版社（Leonard, Mae, Becky, and Scott Books）在許多場合替我張羅食宿和計程車服務。凱西．塔貝肯（Kathy Tabakian）陪我上通告，和她長談經常讓我獲益匪淺。喬治亞醫學院的魯斯．摩爾斯（Russ Moores）、理察．馬丁（Richard Martin）和艾德．麥卡蘭尼（Ed McCranie）給我相當寶貴的建議，也提供我許多相關文獻。拙荊不眠不休地替我校對手稿和打字稿。最後，我尤其要感謝所有告訴我他們的死亡經驗的人們。我只希望這本書沒有辜負以上所提到的人們對我的期望。

國家圖書館出版品預行編目資料

死後的世界 / 雷蒙．穆迪 Raymond A. Moody 著；林宏濤譯
初版 .-- 臺北市：商周出版：家庭傳媒城邦分公司發行

2012.08 面； 公分
譯自：Life after life: the investigation of a phenomenon-survival of bodily death
ISBN 978-986-272-222-0（平裝）

1. 超心理學 2. 靈魂

175.9 101014663

死後的世界

原文書名 / Life after life
作　　者 / 雷蒙．穆迪Raymond A. Moody
譯　　者 / 林宏濤
責任編輯 / 陳玳妮
版　　權 / 劉鎔慈、黃淑敏

行銷業務 / 周丹蘋、黃崇華
總 編 輯 / 楊如玉
總 經 理 / 彭之琬
事業群總經理 / 黃淑貞
發 行 人 / 何飛鵬
法律顧問 / 元禾法律事務所 王子文律師
出　　版 / 商周出版　城邦文化事業股份有限公司
115 台北市南港區昆陽街 16 號 4 樓
電話：(02) 25007008　傳眞：(02)25007579
E-mail：bwp.service@cite.com.tw
Blog：http://bwp25007008.pixnet.net/blog
發　　行 / 英屬蓋曼群島商家庭傳媒股份有限公司城邦分公司
115 台北市南港區昆陽街 16 號 8 樓
書虫客服服務專線：(02)25007718；(02)25007719
服務時間：週一至週五上午 09:30-12:00；下午 13:30-17:00
24 小時傳眞專線：(02)25001990；(02)25001991
劃撥帳號：19863813；戶名：書虫股份有限公司
讀者服務信箱：service@readingclub.com.tw
歡迎光臨城邦讀書花園　網址：www.cite.com.tw
香港發行所 / 城邦（香港）出版集團有限公司
香港九龍土瓜灣土瓜灣道 86 號順聯工業大廈 6 樓 A 室
E-mail：hkcite@biznetvigator.com
電話：(852) 25086231　傳眞：(852) 25789337
馬新發行所 / 城邦（馬新）出版集團【Cite (M) Sdn. Bhd.】
41, Jalan Radin Anum, Bandar Baru Sri Petaling,
57000 Kuala Lumpur, Malaysia.
Tel: (603) 90563833 Fax: (603) 90576622
Email: services@cite.my

封　　面 / 空白地區
排　　版 / 極翔企業有限公司
印　　刷 / 韋懋實業有限公司
經 銷 商 / 聯合發行股份有限公司
電話：(02)2917-8022　傳眞：(02)2911-0053
地址：新北市 231 新店區寶橋路 235 巷 6 弄 6 號 2 樓

■ 2012 年 8 月 30 日初版
■ 2024 年 8 月 1 日二版 2.5 刷

Printed in Taiwan

定價 300 元

城邦讀書花園
www.cite.com.tw

ISBN 978-986-272-222-0

商周出版

廣　告　回
北區郵政管理登記
台北廣字第000791
郵資已付，免貼郵

115台北市南港區昆陽街16號8樓

英屬蓋曼群島商家庭傳媒股份有限公司　城邦分公

請沿虛線對摺，謝謝！

商周出版

書號： BK7042X　　**書名：** 死後的世界　　**編碼：**

請於此處用膠水黏貼

商周出版

讀者回函卡

感謝您購買我們出版的書籍！請費心填寫此回函卡，我們將不定期寄上城邦集團最新的出版訊息。

姓名：__________ 性別：☐男 ☐女

生日：西元______年______月______日

地址：__________

聯絡電話：__________ 傳真：__________

E-mail ：

學歷：☐ 1. 小學 ☐ 2. 國中 ☐ 3. 高中 ☐ 4. 大學 ☐ 5. 研究所以上

職業：☐ 1. 學生 ☐ 2. 軍公教 ☐ 3. 服務 ☐ 4. 金融 ☐ 5. 製造 ☐ 6. 資訊
☐ 7. 傳播 ☐ 8. 自由業 ☐ 9. 農漁牧 ☐ 10. 家管 ☐ 11. 退休
☐ 12. 其他__________

您從何種方式得知本書消息？

☐ 1. 書店 ☐ 2. 網路 ☐ 3. 報紙 ☐ 4. 雜誌 ☐ 5. 廣播 ☐ 6. 電視
☐ 7. 親友推薦 ☐ 8. 其他__________

您通常以何種方式購書？

☐ 1. 書店 ☐ 2. 網路 ☐ 3. 傳真訂購 ☐ 4. 郵局劃撥 ☐ 5. 其他______

您喜歡閱讀那些類別的書籍？

☐ 1. 財經商業 ☐ 2. 自然科學 ☐ 3. 歷史 ☐ 4. 法律 ☐ 5. 文學
☐ 6. 休閒旅遊 ☐ 7. 小說 ☐ 8. 人物傳記 ☐ 9. 生活、勵志 ☐ 10. 其他

對我們的建議：__________

【為提供訂購、行銷、客戶管理或其他合於營業登記項目或章程所定業務之目的，城邦出版人集團（即英屬蓋曼群島商家庭傳媒（股）公司城邦分公司、城邦文化事業（股）公司），於本集團之營運期間及地區內，將以電郵、傳真、電話、簡訊、郵寄或其他公告方式利用您提供之資料（資料類別：C001、C002、C003、C011 等）。利用對象除本集團外，亦可能包括相關服務的協力機構。如您有依個資法第三條或其他需服務之處，得致電本公司客服中心電話 02-25007718 請求協助。相關資料如為非必要項目，不提供亦不影響您的權益。】

1.C001 辨識個人者：如消費者之姓名、地址、電話、電子郵件等資訊。
2.C002 辨識財務者：如信用卡或轉帳帳戶資訊。
3.C003 政府資料中之辨識者：如身分證字號或護照號碼（外國人）。
4.C011 個人描述：如性別、國籍、出生年月日。

請於此處用膠水黏貼